VIE

DE

SAINTE ÉLISABETH DE HONGRIE

2ᵉ SÉRIE IN-12.

Le miracle des Roses.

2ᵉ in-12.

VIE

DE

SAINTE ÉLISABETH

DE HONGRIE

PAR

PAUL JOUHANNEAUD.

LIMOGES

EUGÈNE ARDANT ET Cie, ÉDITEURS.

PRÉFACE.

Depuis plus de six siècles que sainte Elisabeth de Hongrie a quitté cette terre, de très nombreux volumes en plusieurs langues ont cherché à rappeler ses vertus et ses œuvres. La France en particulier a vu publier dans ces derniers temps un travail qui, à lui seul, suffit à immortaliser son nom. Quoi de plus beau, de plus savant, de plus complet que le pieux chef-d'œuvre du comte de Montalembert?

Cependant, quelque grande et juste que soit la célébrité de ces deux volumes, nous avons cru qu'il nous fallait à nous un Ouvrage spécial sur le même sujet. A qui s'adressent-ils, en effet? N'est-il pas évident que, par le fond et la forme, par les considérations philosophiques, religieuses, par les recherches historiques, par les hautes vues politiques et sociales qui en constituent le mérite hors ligné, que surtout par l'élévation du prix, ils sont destinés aux classes lettrées croyantes ou incroyantes, nullement à la jeu-

nesse des pensionnats, ou aux familles moins instrui-
tes et moins à l'aise?

Nous devions donc, aussi nous, tâcher de populari-
ser davantage le nom de cette illustre sainte ; notre
Librairie devait à ses lecteurs habituels une VIE D'E-
LISABETH en rapport avec leur condition de fortune,
une Vie propre à les intéresser et à les instruire,
sans exiger d'eux une application que ne comportent
ni leur âge ni leur commencement d'études.

Le prêtre qui a bien voulu nous prêter ici son concours est assez connu pour que nous n'ayons pas à
faire le moindre éloge de cet autre BON LIVRE.

VIE

DE

SAINTE ÉLISABETH

DE HONGRIE.

1. — Bulle de la canonisation d'Elisabeth. — Famille de la sainte. — Sa naissance. — Sa piété précoce. — Le landgrave de Thuringe. — Fiançailles de la sainte.

Après avoir rappelé ce que la sagesse et la bonté infinies de Dieu s'étaient proposé pour le salut du monde, dans l'Incarnation du Verbe Eternel, Grégoire IX disait le 1er juin 1235 :

« La bienheureuse et gracieuse Elisabeth, de naissance royale, et par alliance duchesse de Thuringe, considérant avec maturité, et comprenant sagement cette admirable économie de notre salut, a courageusement entrepris de suivre les traces sacrées du Sauveur et de travailler de toutes ses forces à la pratique de la vertu; et afin de se rendre digne d'être inondée de l'éternelle clarté, depuis le lever de sa vie jusqu'à son coucher, elle n'a jamais cessé de se délecter dans les embrassements de l'amour céleste; elle employa

toutes les puissances de son cœur à aimer uniquement et souverainement Jésus-Christ. Amour très pur
et très fervent, qui l'a rendue digne de goûter à
longs traits les douceurs célestes, et de posséder les
faveurs divines qui se communiquent aux noces de
cet Agneau adorable. » (BULLE DE CANONISATION DE LA
SAINTE.)

Ce jugement, émané de la Chaire Éternelle, doit
être la préférable exorde de notre humble esquisse.
Quelle parole humaine pourrait avoir autant de valeur ? quelle exhortation plus digne d'attention et de
respect ? Ce peu de mots disent donc suffisamment,
cher lecteur, quelle belle et pieuse étude le Seigneur
ici nous propose.

Notre sainte naquit en Hongrie, en 1207. André II,
son père, était le dix-neuvième successeur de cet
illustre Etienne qui, par ses hautes vertus et par son
zèle pour la conversion de son peuple, mérita des
papes une couronne servant encore au sacre des
gouverneurs suprêmes de la Hongrie, et après sa mort
l'inscription de son nom au catalogue des saints
Disons, à la gloire d'Elisabeth, que celui à qui elle dut
le jour était bien digne de s'asseoir sur le trône
d'Etienne. Il ne régnait que pour le bonheur de ses
sujets, ce prince qui, après avoir vaincu les nations
jalouses et turbulentes voisines de ses états, se mit,
en 1217, à la tête de la cinquième croisade, et en
rapporta le glorieux surnom de *Hiérosolymitain*.
Rentré en Hongrie en 1222, il rétablit l'ordre troublé
par les divisions et les révoltes des *magnats* (seigneurs). Il publia une charte de leurs devoirs et de
leurs priviléges, et acquit ainsi des droits à l'affection
et à la reconnaissance générales.
Voyons avec tous les biographes de la sainte, dans

le don que le ciel fit à André d'une telle fille, une récompense terrestre de cette vive piété, qui se manifestait par d'abondantes charités aux pauvres, par
des fondations de temples et de monastères. Dieu ne
dit-il pas explicitement qu'aux vertus des parents, il
réserve des bénédictions?

L'épouse d'André, Gertrude de Méranie, était en
tout digne de lui. Descendant en ligne directe de
Charlemagne, héritière de la Carinthie, une des plus
belles provinces du midi de l'Allemagne, nièce de
sainte Hedwige, la célèbre duchesse de Pologne, Gertrude se faisait chérir et vénérer de son peuple, plus
encore par sa bonté que par sa haute intelligence et
son âme virile.

De cette noble union si bien assortie, naquit donc
à Presbourg celle qui reçut sur les fonts baptismaux
le doux nom d'Elisabeth, c'est-à-dire, selon l'étymo-
logie hébraïque, *pleine* ou *rassasiée de Dieu*; et nulle
ne montra jamais mieux la justesse providentielle de
cette angélique appellation. « O femme bienheureuse! ô dame admirable! ô douce Elisabeth! très
justement vous convenait ce beau nom qui signifie
satiété et *assouvissement de Dieu*. » (Bulle de canonisation.)

Les historiens s'accordent à dire que dès sa naissance, elle porta des signes sensibles de prédestina-
tion. A l'âge de trois ans, elle s'apitoyait sur les
pauvres, ramassait pour eux chaque jour les restes
de la cuisine et des tables, elle mêlait ses larmes à
celles qu'elle voyait répandre ; à trois ans, ses lèvres
articulaient avec plus d'expression et plus fréquemment les saints mots que les pieuses mères se hâtent
d'apprendre à leurs enfants. «Toute sa vie était ainsi
déjà en germe dans cette vie du berceau, dont le
premier acte était une aumône, et la première parole

une prière. Aussi semble-t-elle avoir été dès-lors admise par Dieu à posséder les grâces qu'elle devait plus tard si abondamment distribuer sur la terre. » (M. DE MONTALEMBERT.)

Et comme si la Providence eût voulu appeler l'attention des peuples sur ce berceau privilégié, on vit, en ces moments, cesser presque soudain les guerres du dehors, et les dissensions civiles qui depuis long-temps désolaient la Hongrie. Il se produisit dans les habitudes des sujets d'André un retour simultané vers Dieu, dont ils méconnaissaient les préceptes sous le rapport même de la justice et des autres vertus élémentaires, sans laquelle il n'est point d'harmonie au sein d'une nature ou d'une nation. De sorte que, plus tard, le jour de la naissance d'Elisabeth fut remarqué comme la date d'une ère inattendue de prospérité publique.

Cependant Dieu, qui se proposait de placer notre sainte sur un théâtre d'où ses vertus pussent rayonner plus loin et faire plus d'heureux, ne voulut pas qu'elle reçût longtemps, à Presbourg, les caresses de parents dont elle était l'espérance et la joie.

Presque au centre de l'Allemagne et très loin de la Hongrie, le vaste royaume de Thuringe était au commencement du XIII° siècle gouverné par le duc ou landgrave Hermann. Sa valeur personnelle, la richesse de ses états faisaient de lui un des premiers princes de l'Allemagne entière. Bien qu'il ne fût pas du nombre des sept qui élisaient le chef souverain du Saint-Empire romain, c'était lui qui influait le plus sur ce choix ; Frédéric II lui dut beaucoup son trône impérial. Telle était en particulier la considération dont jouissait Hermann, que, selon les poëtes du temps, quand il se trouvait un roi trop court ou trop long, ou peu fait pour réjouir le pays et tout le monde, il lui ôtait sa couronne et la donnait à qui lui plaisait.

Hermann et sa femme, la duchesse Sophie, faisaient de leur château de la Wartbourg le rendez-vous de tous les pèlerins ou voyageurs. Ainsi, malgré la distance qui séparait la Thuringe de la Hongrie, entendirent-ils parler d'André et de sa famille, et des choses extraordinaires dont le ciel les favorisait eux et leur peuple.

A cette époque, régnait chez les catholiques un usage peu à peu tombé en désuétude, mais dont le souvenir reste comme un témoignage de la vive foi de nos ancêtres. Nous voulons dire les *fiançailles*, cérémonie préparatoire de la célébration du mariage. Des parents s'engageaient réciproquement à unir leur fils et leur fille, sauf bien entendu le droit pour ces fiancés de ratifier plus tard par leur consentement cette promesse faite en leur nom. Dès ce moment ces futurs époux restaient sous le même toit choisi par leurs familles ; jeux, études, travaux, éducation, leur étaient communs. « Touchante et salutaire coutume des âges catholiques ! dit le savant homme d'état, le philosophe si compétent dans ces sortes d'appréciations morales ou sociales qui a écrit la *vie d'Elisabeth* ; inspiration bienfaisante qui confondait dans le cœur de l'homme le pur nom de sœur avec le nom sacré d'épouse ; qui faisait que rien n'était perdu dans la vie ; qui utilisait toutes les fraîches et fugitives émotions de la fraternité au profit des graves et longs devoirs du mariage ; qui s'emparait tout d'abord de ce qu'il y a d'impétueux et d'ardent dans le cœur humain pour le calmer et le sanctifier ; enveloppant ainsi dans les liens d'un seul et même amour ce que la vie a de plus pur et ce qu'elle a de plus intime, ses souvenirs les plus doux et ses affections les plus saintes. »

Désireux de contracter une alliance intime avec une famille dont on leur racontait tant de bien, Hermann et Sophie résolurent donc de demander Elisabeth pour leur fils Louis. La piété précoce de cet enfant de onze ans remplissait leur cœur de consolations et d'espérances : notre sainte avait alors quatre ans.

Une très nombreuse et brillante ambassade, chargée d'offrir à André de magnifiques présents, est envoyée de leur part à la cour de Hongrie. Un fait qui suffit à peindre le bonheur des gouvernants et des gouvernés, dans la présentation de cette demande, c'est la beauté des réjouissances qui eurent lieu à cette occasion. A l'envi, les historiens se sont plu à en composer le long récit en termes enthousiastes. Entrant dans les moindres détails de ces audiences, de ces fêtes de toute nature, ils racontent comment, à grand'peine, André et Gertrude consentirent à se séparer de leur chère enfant. Ils insistent sur la scène des deux époux, qui, le visage inondé de larmes, répètent au sire de Varila, chef du message d'Hermann : « Nous confions à votre honneur de chevalier notre consolation suprême, » et sur la réponse du digne seigneur, — réponse qu'il réalisa plus tard avec le plus courageux dévouement : — « Je tiendrai volontiers votre fille en ma garde et je lui serai fidèle. »

Ils n'ont point omis la narration du retour de l'ambassade à la Wartbourg, les brillantes réceptions et les banquets de chaque étape ; la joie enfin du pieux landgrave, en voyant et pressant dans ses bras cette enfant, pour laquelle nuit et jour ses prières montaient vers le ciel.

Heureux les princes de la terre quand ils veulent ainsi identifier les intérêts, les bonheurs de leurs peuples avec les leurs mêmes. Dans ces sympathies universelles, dans ces acclamations, dans ces joies spontanées, ne reçoivent-ils pas la première des récompenses qu'ils puissent ambitionner ? Rois et sujets présentent alors l'image d'une vraie famille chrétienne où nulle larme ne tombe solitaire, nul soupir ne reste sans écho, nul contentement ne rencontre la froideur ou l'indifférence !

II. — La grâce divine. — Enfance d'Elisabeth. — Son amour de la prière. — Sa prédilection pour l'apôtre saint Jean.

O profondeur de la science et de la sagesse du Tout-Puissant! qui scrutera les mystères de ses bontés? Rappelons ces passages de nos Livres saints, avant de raconter les merveilles qui nous sont apprises de l'enfance d'Elisabeth.

Oui, à tous, à tous sans exception, la grâce est accordée pour éviter le mal et pratiquer le bien. Tous créés pour Dieu et la gloire éternelle, tous rachetés par le sang du Calvaire, tous appelés à vivifier nos âmes aux fontaines toujours jaillissantes du cœur de Jésus, nous nous sanctifierons si nous le voulons sincèrement. Anathème aux désespérantes doctrines de Calvin et des jansénistes, montrant un enfer où, malgré elles, fatalement doivent tomber les âmes !

Cependant, pour repousser un enseignement impie, gardons-nous d'en adopter un autre qui, quoique opposé, n'est ni moins impie ni moins dangereux. Si Dieu est infiniment bon pour toutes ses créatures, il ne s'ensuit pas qu'aucune ne soit l'objet de sa prédilection. Ni le temps ni la mesure de ses dons naturels ou surnaturels, ne sont identiquement les mêmes pour chacun de nous. Comme dans nos jardins, il donne à chaque fleur son parfum, son éclat, sa nuance propres, sans que celle-ci ait à souffrir et à se plaindre de l'apparente supériorité de celle-là ; de même, dans le parterre des âmes, s'en trouve-t-il d'inégales en beauté, sans que les moins bien partagées, ce semble, aient le moindre droit d'en demander compte à leur suprême auteur. Qui donc, ô mon Dieu, avez-vous pris pour conseiller, si ce n'est vous-même, si ce n'est votre bonté, votre miséricorde, votre toute-puissante justice, éternellement adorables ?

Que ces mystérieux décrets de la Providence, loin de nous décourager, nous soient au contraire une excitation continuelle à bien faire. Car enfin, qui vous dit, cher lecteur, que votre âme n'est pas un objet des préférences célestes? Vous vous traînez péniblement dans la simple voie des préceptes, comment savez-vous que vous n'étiez point appelé à courir, à voler dans le sentier difficile des conseils évangéliques? Comblés aussi nous, dès notre entrée en ce monde, de grâces dont nous n'avons jamais cherché à comprendre la grandeur, auxquelles nous avons mal ou faiblement correspondu, de quel droit accuserions-nous le Seigneur de ce que nous ne sommes pas aujourd'hui parfaits? Hélas! qui que nous soyons, rappelons-nous Augustin franchissant sa trente-deuxième année, et malgré ses fortes études et son génie, malgré ses efforts toujours vagues et stériles, vivant loin, bien loin de Dieu. Etait-il donc déshérité de la grâce, fatalement destiné à la réprobation éternelle, ce disciple de Manès qui ne savait briser les chaînes qui le retenaient dans la honte et le mal? Oh! non, cette parole sortit de son cœur : « Tel et tel se sauvent, et moi je ne me sauverais pas! Pourquoi ne ferais-je pas ce que celui-ci et celui-là font sous mes yeux ? » Et alors, non-seulement le *fils des larmes* de Monique devint catholique fervent, mais encore, par sa vie et ses œuvres divinement appe.e sur le siége d'Hippone, il eut le temps de dépasser en sainteté devant Dieu et devant les hommes toutes ces âmes dont il s'était fait soudain l'admirateur passionné et jaloux.

Ne regrettons pas d'avoir replacé sous l'œil de notre foi ces vérités sommaires, avant de répéter les merveilles édifiantes de l'enfance d'Elisabeth, constatées juridiquement par l'Eglise; avant d'admirer, avec Grégoire IX, ce « vase admirable, œuvre du Très-Haut, destiné à servir de fournaise de charité par l'ardeur de ses bonnes œuvres... cette femme qui, depuis le lever de sa vie·jusqu'à son coucher, n'a cessé de se délecter dans l'amour céleste. »

Voici ce qui nous a été transmis sur elle, dès le moment où elle habita la cour de Thuringe, jusqu'à sa neuvième année. Son futur beau-père lui choisit, comme compagnes assidues, Agnès, sa propre fille, et sept autres enfants, toutes du même âge qu'elle, appartenant aux plus méritantes familles. Le pieux landgrave se proposait ainsi de lui rendre cher son genre de vie et son innocence au contact incessant d'âmes candides et pures comme la sienne. Mais, remarquerons-nous, il ne se doutait pas que, par ce moyen, il allait appeler plus d'attention sur la sainte beauté de ses plus tendres années, et lui préparer des témoins irrécusables le jour où l'Eglise aurait à la canoniser. Ce seront en effet ces compagnes qui, après qu'elles l'auront perdue, devront déposer sur ce qu'elles ont vu ou entendu, et la religion rendra impérissables leurs paroles.

Par elles il sera prouvé qu'à cinq ans Elisabeth était convaincue que le bonheur consiste uniquement à aimer et servir Dieu pour le posséder ici-bas et au ciel. Sans même se douter que la méditation fût un devoir de la vie chrétienne et que pour produire des fruits salutaires et durables, toute méditation exige une méthode, une science, la pieuse enfant priait, méditait continuellement. A la chapelle, son attitude seule montrait qu'elle comprenait déjà le respect dû à la maison de Dieu. Pendant que ses compagnes jouaient, elle s'échappait sans qu'elles s'en aperçussent, et venait s'y mettre à genoux, les mains jointes et les yeux vers le ciel, ses lèvres répétant toutes les petites prières qu'elle avait apprises, surtout l'*Ave Maria*, dit saint Bonaventure ; le lieu saint était son rendez-vous de prédilection. Y entrait-elle avec ses amies, elle y restait toujours la dernière, et, par son maintien recueilli, elle les forçait, pour ainsi dire, à prolonger leur station, chacune hésitant à la laisser seule. S'amusait-elle dans les jardins contigus, elle dirigeait la course ou la halte vers la maison du bon Dieu, afin d'y faire une apparition, et si elle la trouvait fermée, elle déposait quelques baisers sur la serrure et la porte. Ingénieuse dans son amour pour Dieu, elle trouvait mille moyens de le lui manifester ; car, pensait-elle avec raison déjà, nous n'avons pas à craindre que l'auteur de notre cœur refuse de comprendre la franchise et la naïveté de son langage. Ainsi, « lorsqu'elle avait éprouvé quelque obstacle à faire autant de prières et de génuflexions qu'elle aurait voulu, elle disait à ses petites compagnes : « Couchons-nous par terre, pour savoir qui de nous est la plus grande. » Puis, s'étendant successivement à côté de chacune d'elles, elle profitait de ce moment pour s'humilier devant Dieu et réciter sa prière.

Devenue épouse et mère, elle se plaisait à raconter ces innocentes ruses de son enfance. » (DE MONTA-LEMBERT.)

Une habitude de cette enfance a été mentionnée, avec raison, par les historiens, car elle contient un précieux enseignement en faveur de notre culte pour les morts. Sans doute, son attention aux leçons catéchismales lui avait fait entrevoir la vérité de nos croyances relatives au sort incertain des âmes qui quittent ce monde ; elle n'ignorait point complètement la doctrine de l'Eglise sur le purgatoire. Toutefois, sa sollicitude vive et continuelle pour ces défunts, nous semble fournir, à elle seule, une preuve que le culte du tombeau est en nous comme instinctif, comme irrésistible. L'exemple d'une toute petite fille nous semble démontrer, contre le protestant et le matérialiste, que ce culte est une passion, un besoin du cœur ; que le proscrire c'est condamner et nier ce qu'il y a dans nos affections, nos souvenirs ou nos regrets, ce qui s'y trouve de plus énergique et de plus intime.

Une des promenades favorites de la sainte enfant était donc la visite du cimetière. Avec ses amies, elle se plaisait à verser des larmes et des prières, selon l'expression de Bossuet, sur ces défunts qui étaient peut-être bien malheureux dans l'attente du ciel. Elle y parlait du néant des honneurs et des joies de ce monde, à la vue des ossements pêle-mêle entassés dans les sépulcres. « Mettons-nous à genoux, répétait-elle, et disons ensemble : Seigneur, par votre mort cruelle et par votre chère mère Marie, délivrez ces pauvres âmes de leurs peines ; Seigneur, par vos cinq plaies sacrées, faites-nous sauves. » Et les bonnes petites pleuraient et priaient de tout leur cœur, entraînées par leur éloquente prédicatrice. N'est-ce pas le cas de rappeler ce passage sacré : *Dieu rend diserte la langue des enfants; par leur bégaiement il mani-feste sa gloire.*

Ainsi, déjà la pensée de Dieu, de la mort, de l'éternité, dominait cette âme innocente et naïve. Il fallait qu'on lui laissât le temps qu'elle s'était elle-même prescrit par les oraisons de chaque jour ; l'interrompre était l'affliger sensiblement. Et quand le soir venait, c'est-à-dire le moment le plus naturellement indiqué pour l'action de grâce, le repentir et la demande, si quelque circonstance l'avait empêché d'en réciter les actes, et qu'elle fût contrainte d'entrer au lit, elle obéissait, mais en s'y plaçant de manière que le sommeil ne vînt pas la gêner dans l'accomplissement de toute sa tâche. Déjà encore cette enfant, incapable d'expliquer la différence des vertus et la prééminence de l'une sur l'autre, voyait dans la chasteté un ensemble de beautés et de mérites supérieurs. La preuve est fournie par le fait suivant. Dans les familles pieuses, on avait l'habitude de placer les jeunes filles sous le patronage spécial de quelqu'un des apôtres; pour cela, on mettait sur l'autel un certain nombre de cierges, portant un de leurs noms, selon le nombre des solliciteuses, qui ensuite en prenaient chacun un au hasard. Elisabeth avait une affection toute particulière pour le bienheureux convive du Sauveur, qui eut le bonheur de reposer sur sa céleste poitrine sa tête virginale ; pour Jean, le disciple bien-aimé, qui mérita encore l'honneur d'être donné comme fils adoptif à la très sainte Vierge, au pied ensanglanté de la Croix. Or, la chaste enfant, qui avait témoigné le désir ardent d'obtenir du sort le patronage du *disciple bien-aimé*, le reçut en partage, et l'on remarque que, pour s'assurer que telle était bien la volonté de Dieu, elle demanda un nou-

veau tirage des cierges symboliques, et celui de Jean
lui échut trois fois. Aussi était-on assuré de n'éprou-
ver jamais de sa part aucun refus quand on la priait
au nom de son patron. Nous ne savons si l'histoire des
saints offre un signe plus manifeste et plus divin de
leur amour pour la reine des vertus.

Nous aurions encore à raconter comment, dans ses
plus tendres années, Elisabeth montrait, dans ses
moindres actions ou paroles, qu'elle avait l'intelligence des sacrifices qu'on doit s'imposer lorsqu'on
aime réellement le Seigneur ; nous citerions des traits
de sa mortification, de sa patience, de sa charité
surtout pour les pauvres. Mais mieux vaut rappeler
d'abord l'enseignement donné par la bulle de sa canonisation, sur ces saintes choses, et puis en montrer
l'application constante et plus réfléchie, au fur et à
mesure que sa raison se développait. « Dès l'enfance,
dit la légende du Bréviaire, Elisabeth craignit le Seigneur, et, croissant en âge, elle croissait en piété. »

II. — Les progrès dans la piété. — Mort d'Hermann. —
Premières épreuves d'Elisabeth. — Le crucifix et la couronne ducale. — Persévérance dans le bien.

Pour mieux saisir les causes des progrès d'Elisabeth
dans la piété, méditons encore préalablement ces
pensées, qu'assurément nous avons tous lues; avec
l'*Introduction à la vie dévote*, étudions l'art d'augmenter en nous les vertus.

« Beaucoup, dit le doux et saint évêque de Genève
dans son style inimitable, veulent avoir des vertus
éclatantes et de montre, attachées au haut de la croix,
afin qu'on les voie de loin et qu'on les admire. Très
peu se pressent à cueillir celles qui, comme le serpo-
let et le thym, croissent au pied et à l'ombre de cet

arbre de vie. Cependant ce sont les plus odoriféran-
tes et les plus arrosées du sang du Sauveur, qui a
donné pour première leçon aux chrétiens : « Appre-
nez de moi que je suis doux et humble de cœur. »
Il n'appartient pas à tous d'exercer ces grandes vertus ; les occasions de les pratiquer sont rares... Ainsi
les occasions de gagner de grosses sommes ne se rencontrent pas tous les jours ; mais tous les jours on
peut gagner des liards et des sous; et en ménageant
bien ces petits profits, il y en a qui se font riches
avec le temps.— Nous thésauriserions beaucoup pour
le ciel si nous employions, au service du saint amour
de Dieu, toutes les menues occasions qui se présentent à chaque instant.

» ... On ne fait point d'état des petites condescen-
dances aux fâcheuses humeurs du prochain, au doux
support de ses imperfections, à l'amour du mépris,
d'une légère injustice, d'une préférence des autres à
nous, d'une algarade, d'une importunité ; à faire des
actions au-dessous de notre condition, à répondre
agréablement à qui nous reprend à tort et avec ai-
greur; à tomber et être moqué, à recevoir le refus
d'une grâce avec douceur, à s'abaisser devant ses
égaux et inférieurs, à traiter ses domestiques avec
urbanité et bonté ; tout cela paraît petit devant ceux
qui ont le cœur haut et les yeux élevés...

» Ne bornez point votre patience à telle ou telle
sorte d'injures ou d'afflictions, mais étendez-la à
toutes celles que Dieu vous enverra et permettra de
vous arriver. Il en est qui ne veulent souffrir que ces
tribulations qui donnent de l'honneur, et ceux-ci
n'aiment pas la tribulation, mais l'honneur. Le vrai
patient supporte également les tribulations conjointes
à l'ignominie, et celles qui sont honorables...
D'être repris, accusé et maltraité par les gens de

bien, par les amis et les parents, c'est là ce qui est bon... »

Voyons, par l'amour et la pratique simultanés de *toutes ces petites vertus,* une enfant s'élever progressivement à l'exercice de ces mêmes vertus portées jusqu'à l'héroïsme.

Elisabeth avait neuf ans lorsque le landgrave mourut. Cette mort inattendue ouvrit, devant elle, la carrière de bien grandes épreuves morales.

En effet, éminemment pieux, Hermann s'était attaché à sa future belle-fille, non-seulement en vue du bonheur certain de son bien-aimé Louis, mais encore en raison des vertus dont il admirait, chaque jour en elle, le merveilleux épanouissement. Loin de trouver à redire à ses habitudes de piété et de charité, il les encourageait, il lui facilitait tous les moyens d'y satisfaire selon son attrait. De sorte que nul n'osait la contrarier, même dans les choses où, autour de lui, on trouvait de l'excès ou de l'inutilité!

Il en fut tout autrement dès le lendemain de sa mort. Sans être irréligieuse, la duchesse Sophie ne partageait pas entièrement, à l'égard d'Elisabeth, les pensées de son mari. Elle la trouvait exagérée dans sa piété, trop familière avec les domestiques et les pauvres, trop oublieuse de sa naissance et de la couronne dont elle devait bientôt ceindre son front. Aisément cette princesse, un peu fière, était parvenue à faire partager à sa fille Agnès ses préventions; celle-ci, d'autre part, avait eu d'autant moins de peine à entrer dans les vues de sa mère, que, douée de toutes les qualités extérieures que vante et recherche le monde, elle ne se souciait pas de la vie retirée et austère d'une *nonne.*

Et de proche en proche, la cour entière de Thuringe se prit à déverser les critiques et les sarcasmes plus ou moins amers sur la jeune sainte. Remarquons, pour l'intelligence de ces faits, que Louis n'avait alors que seize ans, et par conséquent que, quoique devenu souverain de la Thuringe, il était sous la dépendance réelle de son habile et impérieuse mère. Oh! oui, elle est grande la responsabilité des rois · t des princes de la terre! Qu'ils soient justes et vertueux; que, placés haut, ils donnent à tous le saint exemple; car d'eux descend un bien ou un mal immense, et dont il leur sera demandé un compte rigoureux. Ce qui eut lieu à la Wartbourg, s'est produit et se reproduira toujours et partout.

Les reproches et les railleries de la landgravienne furent bientôt remarqués par l'entourage habituel de notre sainte, et une sorte de conspiration s'ourdit ainsi d'elle-même contre sa piété. Il fut convenu qu'elle avait trop de dévotion, trop d'aversion pour la danse, la parure, les fêtes, trop de retenue dans le maintien et les paroles; qu'elle ne critiquait jamais rien; que, satisfaite de tout, pardonnant tout, elle s'imposait encore des privations comme une pécheresse qui aurait à expier de longues iniquités; qu'elle contractait, en un mot, les habitudes d'une religieuse ou d'une paysanne.

Et les instigatrices principales de ces réflexions aigres et injustes étaient Sophie, sa future belle-mère, et Agnès, sa future belle-sœur.

Comment Élisabeth soutint-elle cette amère épreuve? quelle fut l'attitude d'une jeune fille livrée à elle-même, en présence d'un changement qu'elle avait si peu provoqué? Ses biographes répondent:

Les injurieuses moqueries dont elle était l'objet n'altéraient en rien sa douceur et son indulgence; elle en semblait reconnaissante. Redoublant de prévenances pour ses persécutrices, « elle ne laissait surnager dans son cœur aucun sentiment d'orgueil ou d'amour-propre blessé, ni même d'impatience. Ce premier essai de l'injustice des hommes et des misères du monde devint comme un nouveau lien entre Dieu et elle ; elle y puisa de nouvelles forces pour le servir et l'aimer. » (DE MONTALEMBERT.)

Servir et aimer Dieu davantage, tel fut, en effet, le résultat net de la persécution, tel l'apprentissage salutaire des vertus dont elle aurait bientôt besoin dans un degré plus éminent. On la voit, en ces jours, sans rien diminuer de ses oraisons, de ses mortifications, de ses pratiques religieuses, se rapprocher plus sensiblement des enfants pauvres qu'elle secourait, des jeunes filles attachées à son service, sur lesquelles son influence semblait au contraire grandir, et qui la dédommageaient ainsi de dédains immérités.

Un fait qui mit en évidence l'opposition radicale des pensées de la cour et de l'adolescente, fut une grande cérémonie dans l'église de Notre-Dame, à Sisenach. Là devait être célébrée solennellement la fête des chevaliers teutoniques, en la présence de la noblesse, qui s'y donnait rendez-vous. Agnès et Elisabeth reçurent, de la duchesse, l'ordre de se vêtir le plus magnifiquement possible, selon leur royale condition. Bien que contrariée par une telle injonction, notre sainte obéit. Mais, à peine entrée dans la basilique et placée en face d'un grand crucifix, elle s'agenouilla sur le pavé même et déposa sa brillante couronne sur un banc. A cette vue, ne pouvant se maîtriser, Sophie se lève et l'apostrophe, avec une impitoyable rudesse, lui demandant si elle a « envie de se faire moquer d'elle publiquement... si la force lui manque pour porter une couronne aussi légère... si elle a besoin de se ployer en deux comme une grossière paysanne. » Mais l'humble enfant, après lui avoir doucement répliqué qu'elle regarderait comme un sacrilège de porter une couronne d'or et de perles en face de Celui qui n'avait qu'un diadème d'épines, se prit à pleurer, tellement que le pan de son manteau, sous lequel elle avait voilé une partie de sa figure, était tout détrempé de larmes. Un trait pareil dépeint une âme.

A mesure qu'elle approchait du jour marqué pour épouser Louis, les mépris devenaient plus insolents et plus odieux. « Qu'elle entre dans un couvent ou qu'elle se fasse fille de service, répétait-on à chaque instant autour d'elle ou en sa présence ; mais qu'elle ne songe pas à ceindre la couronne de la Thuringe, à moins qu'elle change complètement; jamais le duc Louis ne l'épousera. »

Avant de dire ce que pensait à cet égard le jeune landgrave, précisons, à la fin de ce chapitre, l'état de l'âme de notre adolescente, en en empruntant à M. de Montalembert l'admirable résumé :

« Elle sentit profondément toute l'amertume de la position ; elle se voyait à peine sortie de l'enfance, et déjà sans soutien, sans amis, sans consolation humaine, exilée en quelque sorte de sa patrie, privée de la protection paternelle, au milieu d'une cour étrangère, exposée sans défense aux insolences et aux persécutions des ennemis de Dieu et des siens. Elle en reconnut d'autant mieux que sa vie ne devait être qu'un pèlerinage dans ce monde instable. Elle eut recours à son Dieu ; elle lui confiait sa douleur en silence et lui ouvrait tout son cœur. Elle cherchait à confondre sa volonté avec celle de ce Père céleste, et le suppliait d'accomplir cette très aimable volonté en elle, par toutes les épreuves qu'il jugerait convenables. Puis, quand elle avait retrouvé sa résignation

et sa paix aux pieds du crucifix, elle venait rejoin-
dre ses femmes de chambre et les pauvres filles
qu'elle s'était choisies pour compagnes, et redoublait
de caresses envers elles, ce qui, d'un autre côté, faisait redoubler les invectives et les moqueries des
deux princesses et des courtisans. »

S'il est vrai, jeunes lecteurs, que Dieu fait une
grâce à chacun de nous en immortalisant l'histoire
fidèle des âmes qui se sont sanctifiées dans les mêmes
conditions que celles où sa Providence nous place,
ne passez pas outre sans méditer un peu la réflexion
qui s'impose ici à vos cœurs. Votre désir d'aimer
Dieu, de le glorifier dans ses temples, vos mœurs
douces et chastes, votre éloignement du monde et de
ses frivolités, attirent-ils sur vous le sarcasme et le
dédain? rappelez-vous l'adolescente de Thuringe.
Pas plus qu'elle, ne fléchissez devant le respect humain, ne prêtez l'oreille à la maxime impie, ne tran-
sigez avec le mal, ne sacrifiez la moindre de vos
convictions religieuses; pour soutenir ce rude com-
bat, comme elle, priez beaucoup, recourez à Jésus,
à Marie, et, comme la sienne, votre âme aguerrie de
bonne heure comptera les victoires.

IV. — Profonde estime de Louis pour Elisabeth. — Admi-
rables modèles de douceur et de force. — Un mariage
chrétien.

Mettant ses peines et son avenir entre les mains de
Dieu, l'angélique fille du roi de Hongrie continuait
d'aimer les choses du ciel et de dédaigner celles de la
terre. Toutefois, une consolation bien grande lui restait; c'était l'estime toujours tendre, toujours respec-
tueuse de son noble fiancé.

Bien digne de devenir l'époux d'une sainte, celui-ci non-seulement souffrait des humiliantes injures incessamment adressées à Elisabeth, mais encore il subissait lui-même des sarcasmes et des inquiétudes à cette occasion. Il est en effet très aisé de concevoir que, dans la cour de Thuringe, ainsi influencée par Sophie et Agnès, l'entraînement général n'avait pas lieu du côté de la dévotion, et que, par conséquent, l'entourage immédiat d'un tout jeune prince était intéressé à le pousser dans un sens contraire. Nous disons tout jeune; remarquons en effet, à la gloire des deux fiancés, que le landgrave devait trouver aussi dans son propre cœur une grande tentation vers les jouissances de la vie, incompatible avec la piété telle qu'ils l'entendaient et la pratiquaient l'un et l'autre. Il touchait à sa vingtième année. Quelle ne semblait pas devoir être sur lui, à un tel âge, l'influence de courtisans et de jeunes hommes qui lui répétaient : N'êtes-vous pas riche et puissant? n'êtes-vous pas maître absolu de vous-même? quelle joie pourrait vous manquer? pourquoi contracter un mariage qui ferait de votre demeure un couvent ridicule et méprisé? N'y a-t-il pas, en Allemagne et au-delà de ses frontières, des princes qui, plus considérés que le roi d'un petit état comme la Hongrie, seront heureux et fiers de vous donner leur fille? Enfin voudriez-vous contrister votre mère et votre sœur, qui, dans cette alliance, ne trouveraient qu'un déshonneur et la condamnation de leur manière de vivre?... Mais non, toutes ces sollicitations, plus ou moins pressantes et perfides, n'émouvaient en rien le cœur du jeune Louis. Animé des mêmes sentiments qu'Elisabeth, partageant l'ardeur de sa foi, son dégoût de la vanité, son amour des pauvres, plus il la voyait injustement attaquée sous ces rapports, plus il trouvait dans leur communauté de pensées une garantie cer-

taine de leur bonheur mutuel. Obligé de ne pas
heurter trop ouvertement les exigences de sa mère
et de sa sœur, il gardait prudemment un silence toujours respectueux, mais qui exprimait tout autre
chose qu'un acquiescement à leur volonté. Et de son
côté, si la pauvre adolescente pouvait parvenir à lui
confier timidement sa peine, elle ne recevait de
lui que des témoignagnes d'affection et des encoura-
gements.

Les prières et les larmes secrètes d'Elisabeth n'é-
taient point étrangères, disent les chroniqueurs, à
la persévérance et au progrès des justes et généreuses
convictions du jeune prince. Lui-même, chaque fois
qu'il pouvait à son gré contempler l'innocence, la
modestie, la pureté céleste de sa « chère petite sœur, »
ainsi qu'il l'appelait, éprouvait, comme malgré lui,
le désir d'être, aussi lui, modeste, innocent et pur. Et
cette identité de cœurs s'aimant pour Dieu et en
Dieu, appelait sur eux du ciel des bénédictions plus
abondantes.

Une fois surtout, il leur fut donné de comprendre
jusqu'où allait leur mutuelle affection. D'habitude
le jeune landgrave rapportait de ses promenades ou
voyages quelques présents pour la jeune adolescente ;
des objets religieux surtout, tels que chapelets, mé-
dailles, gravures, parce qu'il savait sa préférence
marquée pour ces sortes de choses ; et quoique beaucoup plus jeune que lui, elle savait voir dans ces
légers cadeaux moins leur valeur matérielle que
l'intention délicate qui les avait cherchés entre tous.

Mais un jour l'entrain et les embarras d'une longue chasse firent que Louis rentra sans lui rien apporter. Cet oubli coïncidait avec de nouvelles persécutions plus capables de susciter les craintes de la
pauvre enfant. Toute contristée, sa physionomie, mal-

gré elle, trahissait ses inquiétudes. Le chevalier de Varila, ce gentilhomme à la foi duquel André avait confié le patronage de sa fille, s'aperçut le premier de cette douleur concentrée, et il lui en demanda la cause. Profondément affligé de sa naïve révélation, le fidèle seigneur lui promit d'en parler au prince ; et l'occasion favorable s'offrit bientôt pour cette explication. « Pardonnez ma franchise, dit le chevalier à Louis, qu'il prit à part dans la halte d'une promenade, quelles sont vos intentions actuelles sur la princesse que je vous ai amenée de Hongrie ? Songez-vous à vous dégager de votre parole et à la renvoyer à son père ? » Ici, reproduisons textuellement la chronique si admirablement rendue par M. de Montalembert :

« Ils se reposaient ensemble couchés sur l'herbe, dans un certain bois, d'où l'on voyait devant soi l'Inselberg, la plus haute montagne de Thuringe. Alors Louis se leva aussitôt et tendant la main vers l'Inselberg : « Vois-tu, dit-il, cette montagne qui est devant nous ? Eh bien ! si elle était d'or pur depuis la base jusqu'au sommet, et que tout cela dût m'appartenir à condition de renvoyer mon Elisabeth, jamais je ne le ferais. Qu'on pense et qu'on dise d'elle tout ce qu'on voudra, moi je dis ceci : Je l'aime, je veux qu'elle soit mon épouse. Elle m'est plus chère, par sa vertu et sa piété, que toutes les terres et toutes les richesses du monde.

— » Je vous supplie alors de me permettre, Monseigneur, de lui redire ces paroles.

— » Dis-les-lui, et que jamais je n'écouterai ce qu'on me conseillera contre elle, et donne-lui ceci comme un nouveau gage de ma foi.

» Ce disant, il fouilla dans son aumônière et en tira un petit miroir à double fond, où se trouvait au-dessous de la glace une image de Notre-Seigneur crucifié. »

C'est ainsi qu'à l'école de Jésus-Christ et de son Eglise, ces deux nobles fiancés acquéraient les vertus dont la pratique fidèle assure la félicité du mariage.

De nos jours, beaucoup trop de familles oublient que dans le christianisme le mariage n'est point une société toute humaine et purement civile, comme chez les païens ; qu'il n'est point, comme chez les juifs, une simple cérémonie religieuse ; mais qu'élevé à la dignité d'un sacrement, cet acte confère la grâce du Sauveur, qu'il est établi pour sanctifier les âmes, pour nous appliquer les mérites de l'Incarnation, dont il est la mystérieuse image.

Ecoutons le grand Apôtre interprétant et précisant la doctrine du divin Législateur. « Ce sacrement n'est grand que par son rapport avec Jésus-Christ ; il n'est grand que dans l'Eglise, parce qu'elle est seule la vraie épouse de Jésus-Christ ; il n'est grand que pour les fidèles, seuls membres mystiques de Jésus-Christ. »

Et partant de cette vérité fondamentale, il dit à l'homme qui va prendre une épouse : « Aimez-la comme le Christ a aimé son Eglise ; il s'est livré lui-même à la mort pour elle, afin de la sanctifier en la purifiant par l'eau et par la parole de vie, pour la faire paraître devant lui pleine de gloire, sans tache, sans ride, sans aucun défaut, et la rendre sainte et irréprochable. » Il dit à la femme : « Soyez soumise à votre mari comme au Seigneur ; car le mari est le chef de la femme, comme Jésus-Christ est le chef de l'Eglise. Et comme l'Eglise est soumise à Jésus-Christ, de même la femme doit l'être à son époux. »

Ayant à mentionner un des mariages les plus chrétiens que l'Eglise ait jamais eus à bénir, ce n'est point un hors-d'œuvre que la reproduction de ces paroles évangéliques. Les actes des saints nous sont un enseignement : heureuses donc les familles si les époux, ne perdant pas de vue ces considérations, s'aimaient comme Louis et Elisabeth, en chrétiens parfaits, c'est-à-dire d'un amour respectueux, d'un amour fidèle, d'un amour empressé, d'un amour patient, d'un amour pur, d'un amour durable et triomphant même de la mort !

Tel fut l'amour que se promirent réciproquement la fille du roi de Hongrie et Louis, lar dgrave de Thuringe en 1220. Cette union fut contractée avec une solennité mémorable au château de la Wartbourg. L'époux avait vingt ans, l'épouse treize.

« Tous deux, dit M. Montalembert, unis par l'esprit et la foi encore plus que par la chair, tous deux innocents par le cœur encore plus que par l'âge, ils s'aimèrent en Dieu d'un incroyable amour, et c'est pourquoi les saints anges demeuraient autour d'eux. »

V. — L'épouse chrétienne. — Règle de conduite dans l'église catholique.

Les éminentes vertus dont l'adolescente de Thuringe avait fait preuve aux jours de ses disgrâces ne s'affaiblirent point, lorsque devenue souveraine d'un riche état, épouse aimée et vénérée d'un grand prince, elle n'eut qu'à jouir du fruit divin de ses prières et de sa résignation. Seulement les circonstances changeant, ces vertus brillent sous un nouvel aspect. « Lorsqu'elle fut l'épouse du landgrave de Thuringe et de la Hesse, elle n'accomplissait pas ses devoirs envers Dieu avec moins de zèle que ses obligations à l'égard de son mari. » (LÉG. DU BRÉV. ROM.)

Cette simple phrase constituant à elle seule le panégyrique religieux d'une épouse, il ne nous reste qu'à choisir quelques faits plus propres à en démontrer la justesse. Et ils suffiront. Provenant en effet du même principe, différant entre elles seulement dans l'application, les plus grandes comme les plus humbles actions d'Elisabeth forment ce tout qui produit l'héroïcité de vie que l'Eglise couronne, et sur lequel doit se fixer notre attention presque exclusivement.

Et d'abord remarquons que si l'obligation d'aimer Louis et de lui obéir toujours fut singulièrement douce pour Elisabeth, c'est qu'elle avait mérité, par les vertus de son enfance et de son adolescence, le bonheur d'obtenir un époux digne d'elle. *Cherchez premièrement le royaume de Dieu*, a dit le Sauveur, *et le reste vous sera accordé par surcroît.*

Par conséquent, puisqu'ils exerçaient l'un sur l'autre une influence toujours recherchée, toujours acceptée, il est évident qu'une partie des vraies gloires de Louis doit rejaillir sur la tête de notre sainte. On n'a pas loué, on ne peut louer le jeune landgrave de Thuringe, sans louer, en même temps, celle qui lui donna la main et son noble cœur. Or, disent les chroniqueurs, qui donc pourrait-on comparer au pieux fils d'Hermann, sinon cet autre Louis, assis alors sur le trône de France et connu dans le monde et dans l'Eglise sous cette unique dénomination : Saint Louis?

Elisabeth doit donc être glorifiée pour avoir rendu son époux émule et soutien de toutes ses bonnes œuvres. Lorsqu'il se croira obligé de la modérer dans sa ferveur, il n'emploiera que le conseil affectueux, qu'aussi bien elle agréera toujours avec une édifiante docilité, le sachant incapable de s'interposer entre elle et son Sauveur.

Comme témoignage de cette condescendance mutuelle, les biographes citent plusieurs faits, entre autres ceux-ci. Notre sainte avait pris de très bonne heure l'habitude chaque nuit de profiter de ses insomnies pour se lever et se tenir plus ou moins longtemps à genoux, en prières, aux pieds du lit; dès qu'elle se croyait sûre de ne pas être observée, elle affligeait son corps par des austérités rigoureuses. Mais lorsque Louis s'en apercevait, « Ménage-toi, chère sœur, lui disait-il, et repose-toi un peu. » Et lui tendant la main, il la contraignait ainsi à se rendormir sans préoccupations.

Jeune et fort, le landgrave aimait les voyages, la chasse, les courses fatigantes. Heureuse de l'accompagner, Elisabeth obtenait aisément la permission de braver avec lui l'ardeur du soleil ou l'intempérie des saisons, de franchir des distances considérables à travers d'âpres sentiers; tant étaient parfaites la similitude de leurs goûts, l'alliance de leurs âmes.

L'un et l'autre souffraient lorsque, souverain d'un Etat vaste, Louis était obligé d'aller sur quelque point éloigné, sans pouvoir la conduire avec lui. Mais aussi c'était dans ces rares circonstances que se manifestait mieux à son égard la vive tendresse de *sa douce sœur*. Elle se dépouillait alors de tous les brillants insignes de la royauté; elle se revêtait de la longue robe des veuves, comme elles se voilait la figure. Le temps qui lui était ainsi laissé plus libre, elle l'employait dans des oraisons et des œuvres de piété ou de charité plus fréquentes. Son enjouement, son costume, son genre de vie habituels ne reparaissaient qu'au retour de son mari.

Que le lecteur remarque attentivement ces minces

détails d'intérieur de famille. Autres sont les portraits que le monde présente de ses grands hommes, autres ceux que l'Eglise présente des siens. C'est toujours sur le théâtre qui les exalte, c'est-à-dire en s'attachant uniquement au rôle qu'ils ont joué dans la vie publique, que le monde offre ses célébrités à notre admiration, car il sait qu'elles pâliraient singulièrement, examinées de trop près; les saints, au contraire, sont étudiés par l'Eglise, dans l'intimité de la vie privée, dans leurs actions les plus communes, dans le laisser-aller de l'existence pour ainsi dire, parce que là se dessine mieux le cœur, éclate plus vivement la grandeur véritable et fidèle à elle-même.

Continuons donc d'observer les sources vives où Elisabeth s'efforçait toujours d'alimenter ses vertus. En contemplant la force et la beauté d'un arbre, objet d'une culture incessante, on ne s'étonne pas du nombre et de la suavité de ses fruits.

Un moyen de conserver et d'accroître en nous l'amour du bien est sans contredit l'usage des sacrements. Or, Elisabeth, pensant sur ce point ce que pensent toutes les âmes, n'importe leur condition, leur âge, leur science et leur sexe, recouraient sans cesse à ce moyen tout-puissant et infaillible. Quoique toujours avec un sentiment de crainte, et malgré le temps qu'exigeaient sa préparation et son action de grâces, elle communiait très fréquemment. L'heure qu'elle consacrait à la réception de son Sauveur était l'heure la plus douce, la plus impatiemment attendue de sa journée; aussi la vit-on souvent s'éloigner de la table eucharistique, la figure rayonnante d'une splendeur inexprimable.

Toutes les fois qu'elle n'était point empêchée par des raisons majeures, elle assistait aux offices divins, même les moins obligatoires, se faisant un devoir d'en augmenter la solennité par sa présence. Au premier signal de la cloche, elle partait, saintement jalouse de devancer son entourage. Là, elle donnera à tous l'exemple de la véritable attitude d'une âme, en présence du Dieu des tabernacles vivants. Ne pouvant pas, selon ses désirs, se dépouiller des ornements spéciaux que l'usage imposait à sa haute dignité; d'autre part, trop instruite, trop humble, pour ignorer que la singularité n'est avant tout qu'une des formes de l'orgueil et de la vanité, elle composait néanmoins sa toilette et son extérieur, de sorte qu'il était aisé de comprendre qu'elle ne se regardait pas devant Dieu d'une condition plus élevée que la dernière de ses suivantes, ou des femmes nécessiteuses qui formaient son cortége inséparable. Mieux que l'œil des hommes, l'œil de Dieu contemplait cette attitude séraphique. Ecoutez : « Il arriva un jour que, pendant le canon de la messe, comme elle priait avec ferveur, les mains modestement jointes et cachées sous son manteau, et son voile relevé afin de pouvoir contempler la sainte hostie, une lumière céleste vint l'entourer. Le prêtre qui était à l'autel, homme d'une vie et d'une renommée très sainte, vit, au moment de la consécration, le visage de la duchesse réfléchir une splendeur si grande, qu'il en fut tout ébloui ; et, jusqu'à la communion, il se trouva entouré des rayons qui jaillissaient d'autour d'elle, comme s'il avait été en plein soleil. Pénétré de surprise, il rendit gloire à Dieu de ce qu'il avait manifesté par une lumière visible et extérieure la lumière intérieure de cette sainte âme, et raconta plus tard ce qu'il avait vu. » (DE MONTALEMBERT.)

Se pénétrant des pensées de l'Eglise dans l'institution des fêtes ou des cérémonies sacrées, Elisabeth les interprétait sensiblement par sa conduite. Ainsi, le Carême, l'Avent, les Vigiles, tous ces jours particulièrement consacrés à la pénitence du corps et du cœur, étaient témoins de ses privations, de ses jeûnes, de ses prières, bien plus que dans les autres temps de l'année. Quand arrivait la grande semaine de la Passion, il n'est rien qu'elle ne fît pour s'associer aux douleurs de Jésus crucifié. Oublieuse de son rang, elle allait, vêtue comme les mendiants, les pieds presque nus, faire ses stations d'église en église ; dans sa chapelle, ce même jour, elle lavait, à genoux, les pieds de douze pauvres ; et ces pauvres étaient quelquefois lépreux !

Que de tels faits, qui révoltent les exigences de notre siècle orgueilleux et sensuel, que de telles *folies* nous aident au moins à comprendre de quelle énergie la foi peut remplir une âme. Ces folies dont seront toujours accusés les imitateurs du Crucifié, ne doivent-elles pas en effet être l'objet de l'admiration du vrai chrétien ? Lorsqu'elles ne produisent que des vertus et des œuvres plus pures et plus fécondes que celles des sages du monde, ne doit-on pas, rien qu'en présence d'un pareil contraste, du moins louer et envier la possession de telles folies ?

Mais pourquoi répéter ce mot ? Pourquoi adresser encore cette injure inepte et presque blasphématoire aux plus belles âmes qui puissent se trouver sous le ciel de Dieu ? Est-ce donc qu'Elisabeth ne suivait, dans ses pratiques de piété et d'austère mortification, que son inspiration propre ? Oh ! non ; autres sont, dans l'Eglise catholique, les règles, les pierres de touche, les juges de la sainteté, autres sont-ils dans les sectes ou les écoles, s'agitant en vain en-dehors d'elle. Chez ces dernières, chacun se fait à sa guise sa foi, sa morale, son culte ; chacun se compose un temple dont il se constitue lui-même le régulateur

et le ministre; de là ces vraies folies, folies honteuses
et sanglantes que trop souvent les sociétés indignées
sont contraintes de livrer aux plus sévères répres-
sions de la justice. Au sein du catholicisme, au contraire, est une autorité toujours active et toujours
infaillible : c'est elle qui, sous peine d'exclusion de
son sein, trace à tous, au pauvre comme au riche,
à la femme du peuple comme aux impératrices, aux
humbles prêtres de village comme aux plus savants
pontifes, la formule des devoirs, la ligne à suivre et
la limite qui ne doit jamais être franchie, même dans
l'accomplissement des simples conseils.

L'obéissance humble, empressée, sans réserve, voilà
le fondement réel et unique de la sainteté ; sou-
mettre aux représentants de Dieu et de l'Eglise même ce qu'on croit être évidemment bon, et faire ou
s'abstenir selon leur décision, telle a été la conduite
des saints. Ainsi faisaient Thérèse, cette vierge ins-
pirée qui parlait cependant et écrivait comme un
docteur; François de Sales, ce guide si parfait des
âmes d'élite; Catherine de Sienne, la restauratrice
de la papauté sur son antique siége de Rome ; ainsi,
de nos jours, a agi ce curé d'Ars, dont on poursuit
le procès de béatification ; lui, l'oracle écouté des
innombrables pèlerins, justes ou pécheurs, qui en-
combraient nuit et jour son confessionnal, n'obéissait-
il pas avec la simplicité d'un enfant au directeur de
sa conscience ou à ses supérieurs ?

Elisabeth, pour que son zèle n'eût rien d'excessif,
pour que ses œuvres s'accomplissent toujours selon
Dieu, se gardait donc aussi de s'écarter du sentier
suivi par les saints. Les faits suivants mettront plus
en évidence cette conclusion.

VI. — Saint François d'Assise et sa famille spirituelle. — Elisabeth pénitente du tiers-ordre. — Le cadeau d'un mendiant.

En 1207, année de la naissance d'Elisabeth, François d'Assise « quittait tout » pour n'être qu'à Jésus et lui conquérir des âmes. Nous ne devons ici que faire mention de ce séraphin vivant sous un corps mortel, de cet amant désespéré de la pauvreté, de cette colonne prophétisée et désignée à Innocent III pour soutenir alors l'Eglise désolée par les scandales et les hérésies. Disons seulement que Dieu réservait à Elisabeth la gloire d'être une des premières et la plus illustre des disciples de François.

Voici dans quelles conditions elle le devint. Pour coordonner les forces immenses qui se mettaient à sa disposition, le patriarche des Frères-Mineurs s'était vu obligé non-seulement de fonder de tous côtés des monastères d'hommes ou de femmes se consacrant exclusivement, comme lui, au Crucifié par des vœux solennels et irrévocables, mais encore de simples associations de toute sorte de personnes qui, restant dans le monde, étaient liées seulement à son Institut par une communauté de prières, de bonnes œuvres et de pénitences.

Nous avons nommé le *tiers-ordre*, troisième branche de l'immense famille franciscaine. Dans le principe, si grande fut la multitude qui venait se grouper sous la bannière séraphique, que le fondateur dut se borner à imposer quelques règles relatives à la fuite des joies et des fêtes mondaines et à la pratique plus sévère des vertus et des œuvres du foyer domestique. Un peu plus tard le tiers-ordre prit la forme qu'il a aujourd'hui.

La réputation de François d'Assise avait dépassé les frontières de l'Italie ; ses courses apostoliques, sa vie toute céleste, ses miracles avaient propagé son nom dans l'Europe entière. La jeune princesse de Thuringe avait donc aussi entendu parler de lui. Et, certes, ce qui lui en était appris, se trouvait trop en rapport avec ses propres aspirations vers la croix, avec ses goûts de retraite, de prière, de charité, pour qu'elle ne tînt pas à établir immédiatement des relations entre son pays et ce modèle incomparable des vertus qu'elle ambitionnait le plus.

Non-seulement donc accueillant avec bonheur dans ses États les disciples de François, elle leur aida à fonder, à Eisenach même, qui en était la capitale, un monastère et une vaste chapelle, mais encore elle se fit aggréger au tiers-ordre et se mit sous la direction du P. Rodinger, un des Frères-Mineurs les plus distingués par son savoir et sa piété. C'était en 1221.

Ne constatons pas ces simples faits sans en déduire cette conclusion rigoureuse. Si d'une part tous les historiens de la sainte affirment qu'elle n'entreprenait rien sans l'assentiment de son époux, si d'autre part il est prouvé qu'elle prenait pour diriger sa conscience et pour émules dans le bien les prêtres et les vierges qui appelaient alors sur eux la vénération particulière de l'Église et des peuples, n'en résulte-t-il pas que même dans ce que nous pourrions appeler ses exagérations, ses excès, elle ne faisait que correspondre aux grâces privilégiées dont elle se sentait comblée. Le doigt de Dieu n'est-il pas là ?

Aussi la voyons-nous, sans déroger aux devoirs et à la dignité d'une souveraine, manifester une piété plus vive du jour où elle s'est enrôlée dans cette milice religieuse. Y trouvant avec raison une approbation spéciale donnée à sa vie mortifiée et pénitente, elle contracte, dès ce moment, un lien spirituel avec le stigmatisé du Mont-Alverne; elle attache bientôt étroitement à Dieu des multitudes d'âmes; Eisenach en est amélioré comme le palais entier de la Wartbourg.

Une sorte d'intimité s'établit vite entre elle et l'illustre saint. Ce ne fut pas sans de profondes grâces à Dieu qu'il apprit l'aggrégation dans son Ordre d'une princesse qui faisait déjà l'objet de l'admiration générale. Il lui écrivit donc à diverses reprises, pour l'encourager et la remercier. Et de son côté l'illustre tertiaire, dans son incomparable humilité, s'excusait de ne pouvoir exprimer comme elle le devait sa reconnaissance à un homme que sa sainteté plaçait au-dessus des plus grands princes de la terre.

Le cardinal Hugolin, qui plus tard, assis sur le siége apostolique sous le nom de Grégoire IX, allait avoir à prononcer le décret de la canonisation d'Elisabeth, fut l'intermédiaire officieux et empressé des relations spirituelles du patriarche d'Assise et de sa « très chère fille. » Les historiens racontent ce fait qui caractérise bien, ce nous semble, et les personnages, et les temps, et les lieux. Empruntons-en le canevas plein de charmes à son dernier biographe :

« Un jour le cardinal, principal soutien et tendre ami de l'apôtre, lui recommanda de faire passer à la duchesse un gage de son affection et de son souvenir; et en même temps il lui enleva des épaules le pauvre vieux manteau dont il était couvert, en lui enjoignant de l'envoyer sur-le-champ à son humble fille d'Allemagne, comme un tribut dû à l'humilité et à la pauvreté volontaire dont elle faisait profession, et en même temps comme un témoignage de reconnaissance pour les services qu'elle avait déjà rendus à l'Ordre. « Je veux, dit-il, que puisqu'elle est pleine de votre esprit, vous lui laissiez un pareil héritage qu'Elie à son disciple Elisée. » Le saint obéit à son ami, et envoya à celle qu'il pouvait nommer à si bon droit *sa fille* ce modeste présent, accompagné d'une lettre où il se réjouissait avec elle de toutes les grâces que Dieu lui avait conférées et du bon usage qu'elle en faisait. » (DE MONTALEMBERT.)

Ainsi se passaient quelquefois les choses dans ce moyen-âge, où nos savants prétendent qu'on ne rencontre qu'ignorance et ténèbres. Heureusement ce mot de passe des encyclopédistes a fait son temps : l'histoire, la véritable histoire étudiée dans ses sources, nous y montre la présence d'une grandeur d'âme, d'une force de cœur unie à la simplicité, d'une science supérieure des grandes vérités sociales, autant de richesses assez rares dans notre siècle de *progrès* et de *lumières*. Qu'il y ait des ombres, des taches dans ce vaste tableau, nul ne le conteste. Mais l'œil impartial y trouve des harmonies du premier ordre, une connaissance réelle du vrai, du beau et du bien, un sens moral dont les passions et les vices individuels n'empêchent pas l'action puissante sur les sociétés.

Le fait que nous venons de rappeler n'en est-il pas une preuve ? Que signifie donc ce haillon envoyé à une puissante souveraine d'Allemagne par un mendiant italien, qui peu de temps avant était considéré comme un fou et insulté par les enfants dans les rues ? Et ce haillon accepté avec gratitude, est pieusement conservé : il devient l'objet d'une sorte de culte. Celle qui l'a reçu le lègue comme une relique d'un grand prix aux chevaliers teutoniques, qui, à leur tour, le gardent d'autant plus religieusement qu'il

leur rappelle deux grands souvenirs! Encore une fois,
que signifient ces faits, sinon une victoire céleste
applaudie par des multitudes de cœurs, sinon le
triomphe public sur l'orgueil, la cupidité, le sensua-
lisme, triple cause de mort pour les nations et les in-
dividus qui les composent. Triple cause dont notre
prétendue science et nos inventions modernes ne
parviennent certainement pas à neutraliser parmi
nous les effets subversifs. *Sa justice élève les peuples
et enrichit les royaumes*, dit la Sagesse éternelle, *et
le péché les anéantit.*

Consacrons le chapitre entier qui suit à l'étude particulière de la vertu qu'Elisabeth continue de pratiquer sous l'inspiration presque immédiate du mendiant d'Assise.

VII. — La patronne des pauvres. — Divers degrés de
charité. — Le miracle des roses. — La richesse et l'indi-
gence.

Dès ses plus tendres années, Elisabeth avait montré une compassion extrême pour les pauvres, un
attendrissement sensible à l'aspect de la moindre
larme ; comme le dit Grégoire IX, « elle était encore
enfant, elle avait besoin pour son jeune âge d'une
gouvernante, et déjà elle était la bonne mère, la
tutrice et la protectrice des pauvres, et son cœur restait plein de pitié pour leurs misères. »
Contrariée dans sa charité par sa belle-mère, par
Agnès et leur entourage, jusqu'à sa treizième année,
elle ne put l'exercer, sans opposition, que lorsqu'elle
ne dépendit plus que du pieux landgrave son époux.
Et l'on comprend ce que son enrôlement sous la
bannière de François devait donner de science et

d'ardeur nouvelles à cette vertu, devenue libre dans son expansion.

Écoutons la suite de la bulle : « Ayant appris que le juge universel devait surtout faire mention en sa dernière sentence des services qu'on lui rendait, et que l'entrée de la gloire était à la disposition des pauvres, elle conçut une telle estime de leur condition, et entreprit avec tant d'assiduité de se concilier l'affection et la faveur de ceux que l'esprit ordinaire des personnes de son rang méprise et supporte à peine, que non contente de leur faire l'aumône de ses abondantes richesses, de vider ses greniers, ses coffres et sa bourse pour les soulager, renonçant de plus aux délices qui étaient préparées pour sa bouche, elle macérait rigoureusement son corps délicat par les jeûnes et la faim pour les secourir, gardait une parcimonie perpétuelle pour les rassasier ; vertu d'autant plus louable et de plus grand mérite que c'était de sa pure charité et de l'abondance de sa propre dévotion, sans y être contrainte par personne. »

Analysons les faits sur lesquels repose cet irrécusable témoignage en faveur de celle qui mérita aussi bien de ses contemporains le nom de *patronne des pauvres*, qui lui est resté.

Mais émettons d'abord une observation très importante sur le caractère propre de cette charité. Nous l'appuyons sur l'autorité du savant biographe des *Moines d'occident*; nul n'a de nos jours étudié comme lui les mœurs et les habitudes du moyen-âge; nul, par conséquent, ne peut mieux constater en quoi les aumônes de notre sainte différaient alors des aumônes des autres. « La générosité, dit-il, envers les pauvres, était un des traits les plus distinctifs de l'époque où elle vivait, notamment chez les princes;

mais on remarquait (nous soulignons cette note), que, *chez elle, la charité ne provenait pas de l'influence de sa naissance, et moins encore du désir de mériter des éloges ou une reconnaissance purement humaine, mais bien d'une inspiration céleste et intérieure.*

Ainsi, dans un temps où la charité pour les pauvres était commune et abondante, celle d'Elisabeth provenait *d'une inspiration céleste,* et différait des autres charités parce que rien de terrestre ne se mêlait à ses sacrifices. Cherchons donc quelques preuves de cette charité vraiment évangélique.

Et d'abord, c'était peu pour Elisabeth de s'imposer des privations dans ses repas, dans son vestiaire, dans son ameublement, en faveur des nécessiteux. Elle voulait voir par elle-même, elle voulait interroger, étudier toutes leurs misères. Lorsqu'elle chargeait quelques-unes de ses suivantes de porter ici ou là secrètement ses aumônes, c'était qu'il lui était impossible d'y aller elle-même. Or, Dieu seul peut récompenser une charité exercée de la sorte, car seul il en connaît les difficultés et les mérites. Qu'on interroge les sœurs de toute congrégation vouées au service des souffrances humaines, les conférences de saint Vincent de Paul, les dames de la Maternité et les prêtres des villes et des campagnes à cet égard, et ils diront si la valeur de la moindre aumône matérielle n'est pas centuplée par cette aumône du cœur, c'est-à-dire par ce conseil, cet encouragement, cette consolation, cette larme qui se trouvent toujours dans la visite personnelle.

En effet, l'Eglise est jalouse de conserver dans l'homme le sentiment de sa véritable grandeur ; elle professe une sorte de culte pour l'indigent, parce que sa sujétion continuelle à ses semblables finirait par le dégrader à ses propres yeux. Or, que coûte le crime à l'âme qui a perdu l'estime d'elle-même? Pour le relever, elle semble donc toujours craindre de ne pas accompagner son aumône d'assez de respect, se rappelant que le Roi des rois disait de lui-même : « Le Fils de l'Homme est venu non pour être servi, mais pour servir. »

Elisabeth comprenait le dévouement que doivent inspirer ces simples et touchantes paroles. Aucune distance, aucune difficulté de chemin, d'intempérie de l'air, ne l'arrêtait lorsqu'elle pensait être utile ou simplement agréable à ses pauvres. Les réduits les plus malsains, les chaumières les plus nues, la voyaient entrer souriante et affable, s'asseoir auprès du grabat des malades, préparer leurs remèdes, laver leurs plaies; le vieillard comme le petit enfant, interdits de tant de bontés, ne savaient qu'exprimer par des pleurs leur reconnaissance et leur joie. Sa compassion s'épanchait plus sensible à l'égard des femmes en couches, elle veillait à ce que les soins ne leur manquassent pas ; plusieurs fois prenant entre ses bras leurs nouveau-nés, les couvrant de caresses comme s'ils eussent été ses propres enfants, on la vit les adopter pour filleuls sur les fonts baptismaux, « afin que cette maternité spirituelle pût lui fournir un motif de plus pour les aimer et les soigner pendant toute leur vie. »

Avide d'exercer toutes ces charités que l'Eglise appelle les miséricordes spirituelles et temporelles, et triomphant ici visiblement des répugnances de la nature, Elisabeth n'oubliait pas les derniers moments de ses pauvres; elle restait près d'eux, s'efforçant de venir leur suggérer des sentiments et des paroles propres à leur faire échanger avec plus de résignation leur vie de misères et de souffrances contre

les béatitudes éternelles. Elle pourvoyait a leur
sépulture, et quand elle le pouvait, elle suivait le
convoi jusqu'au cimetière, avec un recueillement qui
était pour tous la **plus éloquente** prédication sur
les vanités de ce monde et sur la véritable dignité du
pauvre.

Ce fut dans **une de ces visites de charité** qu'eut lieu
à sa gloire le miracle des roses, le plus célèbre et le
pluspopulaire de tous ceux qui lui sont attribués, et le
plus souvent représenté par la sculpture et la peinture
catholique.

Habillée très simplement, elle traversait d'un pas
rapide une rue étroite et boueuse, portant enveloppé
dans les plis de son manteau un paquet qui semblait
lourd ; il contenait de la viande, du pain, qu'elle
destinait à ses chers protégés. Seule, une de ses suivantes en qui elle avait plus de confiance, l'accompa-
gnait. En ce moment, elle est surprise à l'improviste
par son mari, qui rentrait au château. « Mais que
portez-vous donc là? » s'écria le landgrave tout
étonné ; et, s'approchant d'elle, il porte la main à
son manteau. La princesse qui, fidèle au principe
évangélique, ne voulait pas que sa main droite sût ce
que faisait la gauche, se sentit troublée et honteuse
du secret que son mari allait connaître ; elle resserra
donc comme instinctivement les plis de son manteau, en les pressant contre sa poitrine. Discrétion,
humilité vaine ! Louis insiste, et, soudain, son regard
étonné contemple de belles roses rouges ou blan-
ches, remplissant seules ce modeste vêtement. Pour
les trois spectateurs de cette merveilleuse apparition,
le doute n'était pas possible, puisqu'en cette saison
cette fleur n'existait nulle part. Du reste, au moment
même Louis aperçut au-dessus de la tête d'Elisabeth une image lumineuse de la croix.

Après quelques mots affectueux, laissant la sainte continuer sa course, il rentra au château, méditant et racontant ce qu'il venait de voir, et pour immortaliser ce fait il éleva à l'endroit même une colonne surmontée d'une croix, à l'effigie de celle qui lui avait apparu. Il est à remarquer que le souvenir du miracle des roses est encore très vivant dans ces pays où l'hérésie a pourtant beaucoup détruit; autour de l'église de la Wartbourg, autrefois consacrée sous le vocable de la sainte et aujourd'hui temple protestant, les roses de toute nuance sont cultivées encore avec plus de soin.

A propos de ce miracle, pourquoi ne rappellerions-nous pas que la vraie grandeur devant Dieu dépend avant tout de sa grâce et de la fidélité de nos âmes à y correspondre? La naissance, la richesse, le talent, tous les dons extérieurs réunis, si estimés du monde, n'ont pas plus de prix aux yeux de notre Père céleste que la pauvreté, la sujétion, la simplicité d'esprit. En effet, à quatre siècles de distance, voyez ce même miracle des roses se reproduire dans les haillons formant le tablier de la pauvre bergère de Pibrac, de cette orpheline infirme, illettrée, rebutée des siens, ignorée de tous, que l'Eglise ne connaît plus que sous le nom de sainte Germaine.

Bornons-nous à rappeler ce miracle des roses. L'Apôtre s'écriait : *Quand même je donnerais aux pauvres tout ce que je possède, si la charité n'est point en moi, cela ne me servirait de rien.* La jeune souveraine de Thuringe donnait beaucoup, donnait à tous, donnait sans cesse, mais ses larges et continuelles aumônes tiraient leur prix réel, leur valeur divine, de ce que rien d'humain ne se mêlait à leur distribution. Dans son noble cœur brûlait la véritable charité.

Ecoutons l'évêque de Genève, dissertant sur ce sujet à propos de notre sainte, et précisant la cause première de cet amour des pauvres, qui ne saurait trop exciter notre attention :

« Les alcyons font leurs nids comme une pomme et n'y laissent qu'une petite ouverture en haut ; i's les mettent sur le bord de la mer, après les avoir rendus si fermes et si impénétrables, que jamais l'onde ne peut y entrer. Ainsi toujours élevés, ils demeurent dans la mer, sur la mer et maîtres de la mer. Votre cœur doit être comme cela ouvert seulement au ciel et impénétrable aux richesses et choses caduques ; qu'il tienne toujours le dessus, et que, parmi les richesses, il soit sans richesses et maître des richesses. Non, ne mettez pas cet esprit céleste dans les biens terrestres ; faites qu'il leur soit toujours supérieur sur eux, non pas en eux.

» O le saint et riche appauvrissement que celui qui se fait par l'aumône. Comme dit l'Ecriture, nous sommes faits comme les choses que nous aimons. Si donc vous aimez les pauvres, vous serez vraiment participants de leur pauvreté et pauvre comme eux.

» Or, si vous les aimez, mettez-vous souvent parmi eux ; prenez plaisir à les voir chez vous et à les visiter chez eux ; conversez volontiers avec eux, soyez bien aise qu'ils vous approchent dans les églises, les rues et ailleurs. Voulez-vous faire encore davantage? Ne vous contentez pas d'être pauvre comme les pauvres, mais soyez plus pauvre que les pauvres! Et comment cela? Le serviteur est moins que son maître ; rendez-vous donc servante des pauvres : allez les servir dans leurs lits quand ils sont malades, je dis de vos propres mains : soyez leur cuisinière et à vos propres dépens. Soyez leur lingère et blanchisseuse. Sainte Elisabeth, fille du roi de Hongrie, se mêlait ordinairement avec les pauvres, et pour se recréer, s'habillant quelquefois en pauvre femme parmi ses dames, leur disant : « Si j'étais pauvre, je m'habillerais ainsi. » O mon Dieu! que cette princesse était pauvre en sa richesse, et riche en sa pauvreté... »

Daigne le Seigneur nous donner à tous l'intelligence de ces paroles et de la vie d'Elisabeth ! De nos jours surtout, il est une chose que nous avons en horreur, que nous repoussons avec dégoût, avec colère : c'est la pauvreté. Le pauvre rougit d'être pauvre, il a honte de ce qui le rapproche le plus de Jésus-Christ, il n'aspire qu'à être un de ces prétendus heureux qui n'entreront pourtant que très difficilement dans le royaume des cieux. Donc le pauvre envie et hait le riche profondément ; le riche a peur du pauvre et il le fuit ; si bien que le pauvre et le riche finiront par se remplacer mutuellement, sans que, toutefois, les rôles soient changés. Après beaucoup de ruines et de sang, la pauvreté n'aura fait que s'étendre et sévir plus détestée et plus intolérable.

Pour éloigner ces malheurs qui menacent nos sociétés modernes malgré toute leur apparente opulence, que revivent doux parmi nous les grands principes évangéliques sur la pauvreté, sur son rôle en ce monde, sur sa transformation dans l'autre. L'affaiblissement de l'esprit chrétien et le développement de l'esprit opposé à celui de Jésus-Christ ; voilà la double cause de l'antagonisme implacable des diverses classes de l'humanité. La mortification s'en va ; le renoncement, la pauvreté de gré s'en va ; voilà pourquoi, en dépit de toute la science des économistes, le monde retourne au paganisme et à la barbarie, disent de tout côté les esprits sérieux, les cœurs élevés et chrétiens avec l'auguste et doux Pie IX, qui ne cesse de le crier à la terre.

VIII. — Communion des saints. — La lèpre au moyen-âge. — Héroïque charité de notre sainte à l'égard des lépreux. — Ses miracles. — Construction d'hôpitaux. — La philanthropie et la charité.

Les philosophes, pour qui les intérêts de l'humanité sont bornés par l'horizon de la vie présente, tout en reconnaissant l'existence de Dieu, ne comprennent pas que ce Dieu, en créant le monde, en formant des êtres intelligents, a, et ne peut pas ne pas avoir droit à leurs hommages. *Dieu a tout créé po r sa gloire, pour lui-même*, dit l'Écriture. Donc, si le but qu'il s'est proposé cessait un instant d'être atteint, Dieu manquerait de motifs pour prolonger la vie du monde ; le temps de la justice rigoureuse serait venu. Sans doute, ici-bas, l'iniquité a toujours abondé, mais heureusement à côté des crimes il s'est trouvé les expiations ; pour contre-poids des péchés des uns, il y a eu les pénitences et les macérations des autres, s'unissant à l'Hostie vivante et sans tache offerte à toute heure. Le mondain ne veut pas voir que des millions de victimes s'immolent elles-mêmes nuit et jour à Dieu sur la croix de Jésus-Christ, rachètent leurs fautes et celles d'une partie de la terre obstinée dans ses prévarications. Et pourtant ce sont bien ces âmes pénitentes, la foi nous le dit, l'histoire de l'Église nous le prouve, qui empêchent que soient anéanties les nouvelles Sodomes, les nouvelles Gomorrhes. Tel est le dogme consolant de la communion des saints.

Entrons dans cet ordre d'idées, méditons un peu

ces vérités incontestables, pour accorder aux faits que nous allons raconter encore d'Elisabeth la religieuse admiration qui leur est due.

Tout le monde sait de quelle affreuse maladie le moyen-âge surtout offrait çà et là le spectacle lamentable. La lèpre, connue dans la Palestine du temps de Notre-Seigneur, comme l'affirment nos livres sacrés, était devenue, à l'époque des croisades, assez commune en Europe. De nombreuses maladreries avaient été créées dans notre France ; l'Allemagne, la Thuringe en particulier, avaient aussi élevé de ces tristes hôpitaux.

Or, ce que nul n'ignore non plus, c'est que, placés comme en-dehors de toute condition sociale, séparés du monde, les lépreux étaient cependant particulièrement respectés dans leur malheur. Un mélange de vénération et de crainte s'attachait à l'existence de ces *amis de Dieu*, de ces *malades du bon Dieu*. L'invasion de cette maladie incurable et contagieuse étant en partie le résultat du zèle qui avait porté les chrétiens à la défense des Saints-Lieux, si l'on ne regardait pas ceux qui en souffraient comme des martyrs de leur foi, du moins on confondait le souvenir pieux des croisades avec leur cruelle existence.

De là une multitude d'attentions de l'Eglise pour les lépreux, soit que la loi les abritât dans de vastes locaux, soit qu'il leur fût permis de vivre isolés dans des huttes séparées. Elle avait établi pour eux de touchantes cérémonies ; elle leur adressait des exhortations solennelles ; elle ordonnait à ses prêtres de les visiter, de leur porter des secours ; par ses soins des quêtes de toute nature se faisaient en leur faveur ; en un mot, relégués loin des hommes, à qui ils ne pouvaient communiquer qu'un sentiment d'horreur et même leur mal cruel, ils étaient cependant considérés par les mêmes hommes, si ces hommes, animés de l'esprit de l'Eglise, étaient vraiment comme les plus parfaites images du Dieu qui, dans sa charité, *voulut être comparé à un lépreux*, qui avait logé chez Simon le lépreux, et choisit Lazare le lépreux comme pour indiquer d'avantage sa prédilection pour ces futurs possesseurs de son ciel.

« Ne pouvant anéantir les déplorables résultats matériels de ce mal, dit M. de Montalembert, l'Eglise avait su au moins détruire la réprobation morale qui pouvait s'attacher à ses malheureuses victimes; elle les avait revêtues d'une sorte de consécration pieuse et les avait constituées comme les représentants et les pontifes de ce poids d'humaines douleurs que Jésus-Christ était venu soulever et que tous les enfants de l'Eglise ont pour premier devoir d'alléger chez leurs frères. Elle avait su concilier la plus tendre sollicitude pour les lépreux avec les mesures exigées par le salut de tous. Et sa pensée avait été comprise par tous ses enfants. »

Or, parmi ceux qui l'avaient mieux comprise, cette pensée, doit être distinguée notre admirable héroïne. Son nom vient comme de lui-même se joindre aux noms de ces rois et de ces reines, de ces saints de toute condition dont Dieu récompensait visiblement la charité en remplissant instantanément leurs chers malades, et dont les hagiographes nous ont transmis les édifiantes légendes.

Oui, Elisabeth aimait, visitait, soignait, sans acception de personnes, les malades et les infirmes, qu'elle recommandait de lui signaler, mais l'histoire et l'Eglise affirment que sa prédilection était pour les lépreux. Très jeune épouse encore, dès qu'elle obtint de son mari la liberté de suivre les inspirations de l'ardent amour qui la consumait pour le divin Cruciflé, elle se préoccupa d'eux, et jusqu'à la fin de sa vie elle pratiqua cette incomparable miséricorde avec un dévouement invincible.

Citons au hasard quelques-uns de ces beaux actes en rappelant que, selon le récit des biographes, elle les a répétés cent et cent fois, ici ou là, moins quelques circonstances secondaires. Qu'elle devait être chère aux populations, quelle radieuse couronne elle se faisait chaque jour préparer de la main des anges, cette fille, cette épouse des rois, qui, dans toute la beauté de l'âge, dans l'éclat de la puissance, foulant aux pieds les répugnances de la nature, les délicatesses de son éducation et de son sexe, les jouissances probables d'une vie longue, préférait à toute autre la compagnie de ces êtres dont le nom seul cause un involontaire frisson de dégoût et de frayeur, dont le contact est souvent mortel !

Dédaigneuse des précautions indiquées contre la contagion facile d'un tel mal, on la voyait quotidiennement s'asseoir près d'eux, passer de longs moments à les instruire, à les consoler. Ils entendaient sa douce voix leur parler de Jésus, de Marie, des béatitudes éternelles. Les plus désolés sentaient un peu de courage et de résignation, lorsqu'avec elle ils considéraient que si le Seigneur leur rendait ainsi la vie amère, c'était pour qu'ils se détachassent entièrement de ce monde, qu'ils n'en regardassent la traversée que comme une sûre attente de la vie bienheureuse, promise à qui généreusement a pris et porté sa croix. Et pour que ces consolantes paroles restassent dans leurs cœurs, ces pauvres gens, pleins de la foi de leur *très chère reine*, se mettaient avec elle à genoux, ensemble priant Dieu de les soutenir dans leurs résolutions, de les aider à supporter l'enfer de ce siècle pour être sauvés de celui où seront torturés sans consolation et sans fin les ingrats et les révoltés.

Dans une de ces visites, Elisabeth trouva un lépreux dont les douleurs vives semblaient concentrées à la tête. Les larmes, les gémissements, les plaies de cet infortuné, avaient de quoi déconcerter et briser l'âme la plus virile. Or, la sainte, mue par une force qui ne lui venait certainement pas de la terre, l'emmène dans un endroit secret de son jardin, puis se met à le dépouiller de sa chevelure fétide et sanglante, à le laver, à panser ses hideuses déchirures. Elle lui soutenait encore la tête sur ses genoux quand ses suivantes arrivèrent. Muettes, elles contemplaient cette scène! Y avait-il pour elles d'autre attitude que celle du silence et de la stupeur!

Ce qui montre combien Elisabeth voyait dans les pauvres lépreux l'image parfaite de son Sauveur, c'était, par exemple, encore son habitude d'en choisir plusieurs chaque année, le jeudi-saint, pour leur laver et baiser les pieds en se mettant devant eux à genoux. Aussi bien sa foi vive fut-elle mainte fois visiblement bénie par Celui qui regarde comme fait à lui-même ce qui est fait au moindre des siens, qui a déclaré qu'il ne laisserait pas sans récompense le verre d'eau fraîche donné en son nom. En voici un exemple.

Malgré les murmures de sa belle-mère, qui la trouvait toujours beaucoup trop dévote pour une duchesse, Elisabeth s'était éprise d'une pitié d'autant plus grande pour un petit lépreux, nommé Hélias, que personne n'avait le courage de s'occuper de lui. Pendant qu'elle lui prodiguait ses soins, le landgrave visitait le nord de ses Etats, de sorte qu'elle n'avait à rendre compte qu'à elle-même du saint emploi de son temps. Mais Dieu ménagea une circonstance bien propre à montrer ce que lui-même approuvait et ce qu'il blâmait.

Elisabeth avait tellement pris à cœur de soulager son petit pauvre, que, pour mieux le traiter, elle l'avait étendu sur le lit même où elle se couchait chaque soir; justement le duc, inattendu, rentrait à la Wartbourg. Sophie, croyant l'indisposer contre sa femme et se justifier ainsi elle-même à ses propres yeux, n'a rien de plus pressé que de lui dire, dès qu'il a mis pied à terre : « Suis moi, mon fils, je vais te montrer une belle merveille de ta chère Elisabeth... viens voir qui elle te préfère. » Et incontinent, elle le conduit droit à son lit, en ajoutant : « Douteras-tu encore? m'empêcheras-tu de m'opposer à ce qu'elle te donne la lèpre? » Là, disent les historiens, Dieu les attendait l'un et l'autre. Au moment où, ne pouvant maîtriser une première émotion, le landgrave soulevait la couverture, il voit non pas un hideux corps lépreux, mais la personne rayonnante de Celui que l'Evangile appelle *le plus beau des enfants des hommes*. Et tombant aussitôt à genoux avec Sophie sans pouvoir proférer un mot, il se met à pleurer et à dire : « Seigneur, ayez pitié de moi ; pauvre pécheur, je ne mérite pas de telles faveurs miraculeuses; aidez-moi à les reconnaître et à vous en remercier. » Puis se relevant et se tournant vers Elisabeth : « Chère sœur, lui dit-il, donne souvent notre lit à de semblables malades ; ne te laisse arrêter par personne dans tes charités. »

Ce fut peu après cet encouragement céleste qu'Elisabeth obtint de Louis la permission de construire un hospice pour ses frères, dont les souffrances la déchiraient le plus. Par elle et à ses frais, vingt-huit lits furent disposés dans un beau local, aux pieds même de la Wartbourg, afin que s'y arrêtassent les lépreux qui ne pouvaient gravir la côte sur laquelle s'élevait le château. Pourquoi ajouterions-nous qu'elle s'en constitua l'infatigable et principale sœur de charité, et que ce lieu devint le témoin de mille traits héroïques qu'on révoquerait en doute, si sous la foi du serment des témoins ne les avaient juridiquement affirmés devant l'Eglise, et si d'ailleurs l'ensemble de sa vie ne constituait pas un miracle et une merveille continus.

Mais pourquoi en douter? *Ayez de la foi gros comme un grain de sénevé*, disait le Sauveur, *vous transporterez des montagnes*. Quelles œuvres ne devait donc pas accomplir cette jeune souveraine qui, confiant ses désirs de soulager les lépreux au provincial des Franciscains, terminait sa causerie par cette exclamation :

« Ah ! mon père, ce que je voudrais avant tout et du fond de mon cœur, ce serait d'être traitée en tout comme une lépreuse ordinaire. Je voudrais qu'on fît pour moi comme on fait pour ces pauvres gens, une petite hutte de paille et de foin, et que l'on y suspendît devant la porte un linge, pour avertir les passants, avec un tronc, afin qu'on pût y jeter quelque aumône. A ces mots, elle perdit connaissance et tomba dans une sorte d'extase, pendant laquelle le père provincial lui entendit chanter des hymnes sacrés. » (M. DE MONTALEMBERT.)

Sans doute, la vie des saints n'est point imposée toute entière à l'imitation de chacun de nous ; il est des actes livrés surtout à notre pieuse admiration et dont nous devons seulement chercher à rapprocher les nôtres dans des mesures différentes, dont est seul juge l'Eglise, l'infaillible interprète des volontés de Dieu sur nos âmes. Toutefois, ces mêmes vies, ces mêmes actes doivent nous être, à tous sans exception, un enseignement, une sorte de doctrine.

Ainsi, pour nous borner à une seule des conséquences qui ressortent d'elles-mêmes des pages précédentes, n'est-il pas vrai qu'en fait de dévouement pour les pauvres, on ne trouve, nulle part en-dehors du catholicisme, rien qui ressemble aux sentiments et aux œuvres que nous venons d'admirer? Étudiez la morale des sectes religieuses ou des écoles de philosophie, voyez agir les philanthropes et les humanitaires, est-ce que si tous ne disent pas, avec le fameux moraliste Sénèque et les sages de l'antiquité païenne : « On doit éloigner de soi les mendiants et les affligés, parce que leur vue attriste l'existence, » tous, dans la pratique, malgré leurs phrases tendres et sympathiques, ne les tiennent-ils pas à distance? La mendicité qu'ils interdisent comme un crime, les Dépôts, les Asiles, les grandes murailles de tout nom où, sous la garde de mercenaires, ils tiennent les pauvres desquels l'entretien est tarifé tant par jour, les bureaux coûteux et publics où se concentre l'administration de ces délaissés; toutes ces institutions légales, en un mot, ont-elles la propriété d'essuyer une larme, d'étouffer un murmure, d'apaiser une haine?

Que disparaisse donc de la terre ce genre de charité mise en pratique par nos saints, et bientôt la pauvreté ne sera plus qu'une torture inconsolée et un opprobre; le paupérisme exécutera ses plans de vengeance sociale, et aucune force humaine ne pourra empêcher l'accomplissement des justices de Dieu sur les blasphémateurs de la morale de son Fils et les contempteurs de sa pauvreté et de sa croix. A des hommes n'ambitionnant, n'aimant plus que la jouissance de la terre, il abandonnera ce néant pour

.a vaine possession duquel il s'entr'égorgeront comme une troupe de bêtes fauves s'entre-déchire sur les lambeaux sanglants de la misérable proie que l'une d'elles a saisie.

IX. — Les fléaux du Ciel. — L'expiation. — La charité. — Consolations humaines et divines ménagées à Elisabeth.

Dieu, disent nos saints Livres, est l'arbitre absolu de la vie et de la mort ; il tient dans ses mains souveraines les richesses, récompense des peuples fidèles, et les fléaux, châtiments de leurs prévarications. Lorsque la famine, la peste, la guerre, l'eau, le feu, exécutent ses vengeances, heureuses les âmes qui, comprenant cet enseignement, se frappent la poitrine et tâchent de racheter par la pénitence et l'amour toutes les iniquités provocatrices de la colère céleste.

Ces vérités s'imposent nécessairement au chrétien lisant les détails des calamités qui désolèrent la Thuringe en 1226, et du rôle de notre sainte en ces cruels moments.

Le landgrave Louis, sur l'invitation de Frédéric II, s'était rendu en Italie pour réduire Bologne et quelques autres villes révoltées contre cet empereur leur suzerain. La victoire fut complète, et l'époux d'Elisabeth reçut, en récompense de son dévouement et de sa valeur, un accroissement de possessions.

Or, pendant qu'il guerroyait, la Thuringe se vit en proie à la disette. Le tableau qui nous est resté de ce passage du fléau égale en horreur et en tristesse les plus navrantes descriptions de ce genre qui se rencontrent dans les annales des épreuves de l'humanité. Ainsi nous peint-on la masse du peuple errant au hasard dans les campagnes, et s'y disputant les herbes et les plantes, unique pâture de l'animal ; des viandes dont on ne se nourrit jamais, celles du cheval, de l'âne, des bêtes fauves, etc., cherchées avidement et dévorées demi-infectes..... Partout des malheureux exténués de faim, partout des cadavres !

Voilà le mal ; voici maintenant les œuvres d'Elisabeth, pour tâcher d'en supprimer la première cause et en diminuer les effets.

Et d'abord la voyez-vous, cette innocente et pieuse duchesse, augmentant ses austérités, et prolongeant ses jeûnes, multipliant ses prières, ses communions, pour désarmer la colère divine ! Avec quels gémissements, quelles larmes amères elle supplie nuit et jour le Seigneur d'épargner son pauvre peuple ! Comme elle serait heureuse de sauver les coupables au prix de sa vie : comme elle s'offre en holocauste, comme elle s'immole réellement pour tous ! Par son exemple bien plus éloquemment que par ses paroles, elle ranime, partout où elle peut aller, l'amour de Dieu et de la vertu, dans l'espoir que se formera le nombre de justes exigé de Dieu pour la rançon du mal. Sachant que notre responsabilité devant Dieu est en rapport avec notre condition parmi nos semblables ; que, par conséquent, plus on est au-dessus d'eux, plus il sera demandé un compte rigoureux de l'usage de cette supériorité, la sainte princesse se consacra alors la première et plus que tout autre à l'œuvre du bonheur public.

Agissant comme souveraine en l'absence de son mari, elle fit, du château de la Wartbourg, le dispensaire, le bureau, l'hôpital central de toutes les charités qui adoucirent les souffrances d'Eisenach et des bourgs environnants. Tout l'argent monnayé qui se trouvait dans le trésor ducal fut distribué jusqu'au dernier sou; pour grossir ces aumônes, des domaines furent immédiatement vendus. Le blé, les légumes, les provisions de bouche de toute nature destinées à l'entretien du château, disparurent successivement. Son savant biographe fait cependant une remarque importante :

« Elle sut unir la prudence à cette générosité sans bornes. Au lieu de donner le blé par grandes quantités qui auraient pu être inconsidérément employées, elle faisait distribuer chaque jour à chaque pauvre la portion qui pouvait lui être nécessaire. Pour leur éviter toute dépense, elle faisait cuire dans les fours du château autant de farine qu'ils en pouvaient contenir et servait elle-même le pain tout chaud aux malheureux. Neuf cents pauvres venaient ainsi chaque jour lui demander leur nourriture, et s'en retournaient chargés de ses bienfaits. » (M. DE MONTALEMBERT.)

Remarquons aussi qu'à la prudence et à la générosité (conditions essentielles de la charité selon Dieu), notre sainte continuait d'en joindre une autre qui est assurément la première et qui en constitue le véritable héroïsme. Toute riche qu'elle était, elle ne donnait qu'en s'imposant des privations réelles, en se réduisant volontairement au dénûment comme les pauvres, dont le pain est rare et précaire. Répétons la phrase de saint François de Sales : « O mon Dieu! que cette princesse était pauvre en sa richesse, et qu'elle était riche en sa pauvreté! »

A mi-côte de la montagne que couronnait la demeure ducale, était, avons-nous dit, un hospice construit aux frais de la couronne. Là, deux fois chaque jour, Elisabeth descendait, faisant porter et portant elle-même les restes des tables de sa maison, et à peu près les portions entières qui lui avaient été servies à elle-même ; tant elle craignait de laisser souffrir ses malades. Quant à ces malades, redisons que, se faisant leur infirmière, elle se réservait le soin de ceux qui offraient plus de répugnance à ses suivantes ou dames d'honneur ; que, pour tenir les lits, les vêtements et les linges de ce « cher monde » le plus proprement possible, on la vit mainte fois se dépouiller de ses mouchoirs, de ses voiles, de ses manteaux. Là où son entourage n'osait entrer à cause de l'infection de l'atmosphère, elle restait souvent même après que la lutte contre la nature avait produit chez elle l'évanouissement.

« Pendant que le cœur bondissait d'horreur à toute sa suite, dit un de ses anciens biographes, cette princesse du paradis disait : Quand je viendrai au jugement de mon Dieu et qu'on me demandera si j'ai lavé les pauvres : Oui, mon Seigneur, dirai-je, aux enseignes que mes filles et servantes en ont eu souvent mal au cœur. »

Nulle misère ne pouvait se soustraire à son ingénieuse et infatigable charité. La famine enlevait à beaucoup de petits enfants les auteurs de leurs jours. Elisabeth se croit responsable du sort de ces orphelins. Elle se hâte de les retirer du toit désert où la mort seule les attend, pour les placer dans un hospice qu'elle a fait construire près d'elle. Si grande est sa sollicitude envers ces tendres créatures ; si multipliés, si minutieux sont les soins qu'elle leur prodigue, qu'aussitôt qu'elle « vient au milieu d'eux, semblables aux petits oiseaux qui se cachent sous les ailes de leur mère, tous courent au-devant d'elle et s'attachent à ses habits en criant : *Maman ! maman !* »

(M. DE MONTALEMBERT.) Lecteur au cœur aimant, connaissez-vous beaucoup d'anecdotes aussi délicieuses et touchantes?

Ces occupations, cette vie dont nous offrons ici une sèche analyse, ne suffisaient pas à notre illustre héroïne. Aussi distinguée par l'intelligence que par le cœur, elle sentait que dans les tristes conjonctures où se trouvait la Thuringe, remplir les devoirs d'une simple femme, ce n'était pas accomplir la tâche imposée à une souveraine.

La disette ne sévissait pas seulement autour de la résidence ducale. Par conséquent, les misères dont souffraient les plus éloignés des sujets de Louis ne pouvaient pas rester étrangères au cœur d'Elisabeth. Selon la mesure de sa puissance, elle donna donc des ordres pour que les revenus de la Thuringe, de la Hesse, du palatinat de Saxe et de l'Osterland, quatre principautés qui appartenaient au landgrave, fussent consacrés au soulagement des pauvres. Il y eut des résistances de la part de plusieurs gouvernements qui représentaient l'autorité; mais employant autant de fermeté à faire respecter et aimer les pauvres, qu'elle leur portait de tendresse, elle obtint la rigoureuse observation de ses commandements. « De plus, et comme pour tenir lieu des secours et des soins personnels que l'éloignement l'empêchait de donner elle-même à cette portion de ses sujets, elle fit vendre toutes ses pierreries, ses bijoux et autres objets précieux, et leur en fit distribuer le prix. » (M. DE MONTALEMBERT.)

Grâce à la prévoyance, à l'abnégation, au courage viril de notre sainte, d'innombrables larmes furent étanchées, bien des existences survécurent aux rigueurs du fléau. Aussi, quand arriva le temps de la moisson, qui cette année-là fut abondante, la pieuse princesse vit-elle à la Wartbourg des milliers de pauvres lui demander des outils de travail en la remerciant de les avoir sauvés de la mort.

Mais, cher lecteur, ne perdons jamais de vue que la source vive, la source inépuisable de tant de charité était un amour sans réserve pour notre Seigneur? Une joie céleste resplendissait sur son beau visage toutes les fois qu'elle pensait l'avoir vêtu, nourri, soulagé dans la personne de quelqu'un de ses pauvres. Les paroles qu'elle leur adressait respiraient toutes cet amour, ce culte passionné, et lorsqu'elle interrompait un instant ses actes de sœur de charité, c'était pour proférer quelques ferventes invocations, celle-ci, par exemple, qui lui était plus familière : « Seigneur, mon Dieu, je ne peux assez vous remercier de me permettre de recueillir ces pauvres gens qui sont vos chers amis, et de les servir ainsi moi-même. »

Il est vrai que chez Elisabeth l'amour des pauvres et de la pauvreté était visiblement béni du divin rémunérateur, comme il l'était chez le patriarche d'Assises, dont elle se faisait l'imitatrice enthousiaste. Ainsi échappa-t-elle mainte fois miraculeusement aux plus graves dangers ; elle vit se multiplier par une main invisible les aliments donnés à ses pauvres à mesure que d'autres affamés se présentaient ; aux malades de son hôpital apparut un jour un ange qui disait distinctement : « Réjouis-toi, Elisabeth, tu es l'amie du Dieu tout-puissant. » Oui, bien des « signes merveilleux semblèrent prouver aux âmes simples et fidèles combien étaient agréables à Dieu la charité et l'humilité de cette princesse. » (M. DE MONTA-LEMBERT.)

Enfin une consolation humaine due, ce semble, à son noble cœur, et qui lui fut bien douce, ce fut l'ap-

probation répétée publiquement par Louis de tout
ce qu'elle avait fait, lorsque, vers la fin de cette
même année, rentrant dans ses Etats, il entendit les
principaux officiers, comme les employés subalternes
de la Wartbourg, lui dénoncer les prodigalités étran-
ges de sa femme, « le vide des greniers, de la caisse,
du vestiaire. » Mais à ces accusateurs il adressa cette
unique réponse : « Laissez-la faire autant d'aumônes
qu'il lui plaît, aidez-lui plutôt que de la contrarier ;
Dieu nous le rendra quand il le trouvera bon. »

Et avec elle il remerciait à genoux le Seigneur
Jésus de leur avoir permis de faire un peu de bien à
ses pauvres.

X. — Départ du landgrave Louis pour la croisade. —
    L'héroïsme conjugal. — Mort de Louis. — Résignation
    d'Elisabeth.

Par les douloureuses voies de l'épreuve, il faut que
passe notre âme pour ceindre la couronne éternelle.
A l'illustre duchesse de Thuringe est éminemment
applicable cette sentence qui, sous toutes les formes,
se retrouve dans nos saints Livres.

Mère de trois enfants et enceinte d'un quatrième,
la voici obligée d'accepter la plus pénible des croix
à laquelle puisse être soumise une épouse, une mère,
une reine de vingt et un ans.

Frédéric II, fils de Henri VI, et petit-fils de Fré-
déric-Barberousse, reconnaissant des services reçus
d'Innocent III dans sa lutte contre deux compétiteurs,
avait promis à ce généreux Pontife de combattre les
Turcs. Retenu longtemps par des motifs plus ou moins
mensongers, il s'était enfin décidé à la croisade, sur
les instances pressantes des deux papes successifs
Honorius III et Grégoire IX.

Nous n'avons pas à raconter ici l'enthousiasme des populations chrétiennes, lorsque retentissait au milieu d'elles ce cri célèbre : « Dieu le veut ! » ou leurs gémissements lorsqu'elles apprenaient quelques nouvelles profanations du tombeau du Sauveur par les implacables ennemis de son nom. Les succès d'ailleurs de la quatrième de ces nobles expéditions vivaient encore dans toutes les mémoires.

L'Allemagne, jusqu'alors restée un peu étrangère à ce refoulement des infidèles toujours plus audacieux, sentit qu'elle avait aussi un rôle à remplir. Elle s'émut enfin à la pensée qu'elle avait assez longtemps délaissé la cause du Christ, et qu'il lui fallait conquérir sa part de cette gloire sainte injustement dédaignée.

Plusieurs vassaux de Frédéric répondirent donc à son appel, mais nul ne le fit plus généreusement que le landgrave de Thuringe. Outre les inspirations de sa foi et ses aptitudes militaires hors ligne, bien des motifs l'engageaient à saisir cette occasion de montrer à Dieu sa reconnaissance et son amour. Louis-le-Pieux, frère et prédécesseur de son père, s'était couvert de gloire en Palestine en combattant aux côtés de Richard Cœur-de-Lion et de Philippe-Auguste. Son beau-père, André, avait aussi pris et vaillamment défendu la croix. De telles traditions, un pareil héritage de famille ne pouvaient être répudiés par un jeune prince dont le cœur était ardent et chevaleresque au plus haut degré. Et puis la concorde régnait dans ses États ; il vivait en paix avec tous les ducs ou seigneurs environnants.

La seule raison grave, bien grave, il est vrai, qui pouvait le retenir dans ses foyers, c'était sa tendresse extrême pour Elisabeth d'abord, et pour le reste de sa famille. Mais si, sur l'invitation d'un prince de la

terre il était allé, naguère, exposer sa vie en Italie
pour des intérêts temporels, était-il coupable de
s'exposer sur l'appel de Jésus-Christ pour la défense
de la Croix et de l'Eglise?

Louis ayant consulté le très prudent évêque Conrad de Hildeshein, fit donc le vœu de s'adjoindre à la
croisade.

L'affection mutuelle d'Elisabeth et de son époux
dit assez ce que dut être leur séparation. Aussi ne
citerons-nous que quelques faits caractéristiques de
la douleur de l'angélique femme.

Lorsqu'enfin elle apprit, elle la dernière, la réso-
lution du landgrave, elle lutta quelque temps, lui
faisant contre ce départ les objections les plus capables de l'émouvoir et de le déconcerter. Cependant,
quand elle vit clairement qu'elle s'opposait ainsi à la
volonté de Dieu, on n'entendit plus sortir de son
cœur que ces mots d'une résignation sublime : « Pars,
contre le gré de Dieu je ne veux pas te garder. Qu'il
t'accorde la grâce de faire en tout sa volonté ; je lui
fais le sacrifice de toi et de moi-même. Que sa bonté
veille sur toi ; que tout bonheur soit avec toi à jamais ; ce sera ma prière de chaque instant. Pars donc
au nom du bon Dieu ! »

Le jour de la séparation venu, Elisabeth obtint
d'accompagner son mari jusqu'à la frontière de Thuringe. Ils allaient l'un près de l'autre, le cœur brisé
de tristesse, et ne proférant que des exclamations
pieuses ou des sanglots. Mais arrivée au point convenu, elle ne peut se décider à le quitter ; elle le
suivit donc encore trois jours, jusqu'à ce que n'ayant
pas la force d'aller plus loin, elle lui adressa ses
derniers adieux. Louis montrant alors à sa bien-
aimée un anneau très rare dont il cachetait ses let-
tres, lui dit ces paroles : Regarde bien cet anneau

où est gravé sur un saphir l'Agneau de Dieu avec sa bannière. Celui qui te le rapportera et qui te dira que je suis vivant ou mort, crois-le..... Que le Seigneur te bénisse, sœur bien-aimée ! que le Seigneur garde ton âme et ton courage ! qu'il bénisse l'enfant que tu portes sur ton cœur... adieu ! Souviens-toi de notre vie commune, de notre tendre amour ; ne m'oublie jamais dans aucune de tes prières, adieu ! je ne puis plus rester. »

Et il partit la laissant inondée de larmes, entourée de ses suivantes, et les yeux toujours fixés sur lui tant qu'elle put le voir.

Rentrée à la Wartbourg, la noble femme déposa immédiatement son vêtement et ses parures de princesse, et prit les habits de veuve que, hélas ! elle ne devait plus quitter. Quelques jours, en effet, se placent seulement entre les adieux et la mort du vaillant duc.

A Troja, ville de la Pouille, soixante mille hommes étaient rassemblés sous les ordres souverains de l'empereur ; de là on devait se rendre dans la Terre-Sainte. Le départ combiné, Louis s'embarqua à Brindes. Mais à peine sur le navire, il est atteint d'une fièvre froide ; il s'alite, et si rapides sont les progrès, il comprend si bien la venue de son heure suprême, qu'il demande les sacrements des mourants et expire bientôt, après avoir recommandé de rapporter ses restes dans la Thuringe et de remettre à Elisabeth l'anneau qu'il lui avait montré.

Nous disions au début de ce chapitre que Dieu allait purifier au feu plus ardent de l'épreuve la belle âme de notre sainte. Eh bien ! pour se faire une idée de cette douleur si imprévue, que le lecteur analyse par la pensée les pages qu'il vient de parcourir. Une fois que Dieu a eu récompensé Elisabeth de sa fidélité à le servir pendant ses jeunes années par le don d'un époux qui n'avait pour elle que ce qu'il y a de meilleur et de plus pur dans le très rare assemblage des sentiments d'estime, d'amitié, de dévouement, de vénération de deux époux à l'égard l'un de l'autre; qu'est-ce donc qui manquait à son bonheur matériel, à ses joies humaines? Et soudain, ce bonheur lui est ravi; il lui est ravi par une cause que, non-seulement elle aurait pu empêcher, mais encore qu'elle a comme provoquée elle-même. Rigoureusement, rien ne contraignait Louis, époux et père de quatre enfants, d'aller exposer sa vie dans la Palestine; s'il y est allé, c'a été pour glorifier Dieu; ce motif a pu seul obtenir le consentement d'Elisabeth. Or, le salaire de tant de dévouement, le prix de ce sacrifice incomparable, c'est la mort, la mort sur un navire paisiblement abrité au rivage! Qui donc dira quelle source de larmes Dieu vient d'ouvrir dans le cœur de sa servante? Quelle épreuve pour sa foi!

On comprit si bien à la Wartbourg la grandeur du coup qui frappait Elisabeth, que nul n'eut la force de lui apprendre l'affreuse nouvelle. Sa belle-mère, cruellement atteinte pourtant elle-même, se vit obligée de remplir ce douloureux mandat et de se faire sa consolatrice.

Sa consolatrice! Le cœur des saints, en effet, loin d'être insensible, comme l'imaginent les philosophes, est au contraire, plus que le nôtre, susceptible d'émotions vives et tendres; n'est-il pas en effet moins égoïste et plus pur? Non, les saints ne reçoivent pas du ciel le triste privilége de vivre sans entrailles, de n'aimer rien qu'eux-mêmes. Lorsque Elisabeth sut la mort de son « cher Louis, » elle tomba dans un tel état qu'on craignit un instant pour ses jours. Sa douleur arrachait des larmes à tous ceux qui l'approchaient : à tous elle inspirait une pitié profonde. Elle serait morte de désespoir sans le consolateur tout-puissant qui lui restait, et à qui elle ne cessait de dire : Seigneur, vous m'avez ôté ce que vous m'avez donné. Que votre nom soit toujours béni !

« Si la perte d'un si tendre époux, dit M. de Montalembert, si la ruine subite d'une union si sainte a pu plonger pour un jour dans l'abîme du désespoir ce cœur prédestiné, bientôt de nouvelles et plus cruelles épreuves vont lui rendre toute sa force, tout son calme et son invincible ardeur. Si elle a succombé un instant, percée d'outre en outre par la blessure d'un amour mortel, bientôt relevée, elle enveloppera tout son cœur d'une chaîne d'amour céleste, qu'elle attachera au trône du Très-Haut, et que rien ne pourra rompre ni relâcher.

La vie des saints est l'école pratique des âmes chrétiennes. Ne négligeons donc pas l'enseignement que nous donne ici la jeune veuve de Thuringe : un malheur, une affliction quelconques, viennent-ils à nous atteindre, la plainte déborde de notre cœur, le murmure monte sur nos lèvres. Oublieux de la vraie patrie, oublieux de la croix, nous demandons plus ou moins directement à la Providence compte de sa conduite à notre égard. Aveuglés par le présomptueux sentiment de notre justice, par l'orgueilleuse et fausse certitude de n'avoir jamais fait que le bien, de n'avoir pas omis un iota de la loi, nous doutons des bontés de notre créateur ; et du doute trop souvent, hélas ! nous tombons dans la révolte et le désespoir.

Eh bien ! nous tous qui, au nom de notre prétendue innocence, repoussons le calice amer que Jésus parfois nous présente, demandons-nous dans le silence de la méditation si nos vertus égalent celles

de sainte Elisabeth, et si nos infortunes égalent les
siennes. Ce contraste établi, nous bénirons Dieu assurément de nous procurer par nos faibles combats
la couronne de ses plus généreux martyrs, et nous
dirons avec les saints : Frappez, Seigneur, déchirez
mon cœur et mes membres pour sauver mon âme
dans l'éternité !

XI. — La veuve chrétienne. — Elisabeth persécutée, exilée,
mendiante. — Son refus de se remarier.

Jusqu'à ce moment Elisabeth nous a offert dans sa
personne le modèle de l'adolescente et de la jeune
épouse ; maintenant, comme veuve elle va présenter
les vertus demandées par l'Evangile aux femmes pro-
videntiellement condamnées à ce plus cruel des dé-
laissements dans les sentiers de la vie. « O bénie et
très noble veuve, s'écrie le Pontife qui l'a canonisée.
Plus féconde en vertus que vous ne l'avez été en enfants, pendant votre mariage honorable, qui, cherchant dans la vertu ce que la nature semble refuser
aux femmes, êtes devenue une magnifique guerrière
contre les ennemis de notre salut : vous les avez
vaincus avec le bouclier de la foi, comme parle
l'Apôtre, portant la cuirasse de la justice, l'épée de
l'esprit et de la ferveur, le casque du salut et la lance
de la persévérance. »

Tandis qu'Elisabeth, atterrée par le coup si inattendu dont le Seigneur l'avait frappée, était aux
prises avec les plus horribles déchirements qui puissent torturer l'innocence, une odieuse trame s'our-
dissait contre elle et ses pauvres orphelins. Henri et
Conrad, frères cadets de Louis, étaient loin de posséder ses brillantes et solides qualités : ni l'un ni

l'autre peut-être n'auraient songé d'eux-mêmes à spolier leur belle-sœur et usurper la couronne de Thuringe, qui appartenait de droit à son fils Hermann, âgé alors de quatre ans. Mais ils étaient faibles, d'un esprit médiocre, Henri surtout. Les seigneurs qui l'entouraient avaient intérêt à se défaire d'une femme qui aurait converti en une sorte d'hospice ou de couvent le lieu même où ils voulaient trouver les joies et les fêtes qu'ils aimaient. Et puis en décidant Henri à s'emparer de la couronne ducale de son neveu, ils acquéraient honneur et puissance. Hélas! on n'a pas besoin de fouiller dans l'histoire pour se convaincre de la possibilité de pareilles intrigues, et d'aussi inqualifiables complots tramés et réussis autour des trônes. De nos jours, ne voyons-nous pas assez d'iniquités commises à l'instigation de ministres ambitieux ou de courtisans sans honneur! Que de provinces envahies! que de princes dépossédés! que de peuples trahis! et cela au mépris de toutes les lois divines et humaines. Et plus les droits foulés aux pieds sont légitimes et sacrés, plus l'astuce et la violence se coalisent pour en étouffer les protestations accusatrices.

Que le lecteur ne s'étonne donc pas des faits suivants qu'on retrouve si souvent ailleurs, plus ou moins identiques.

Se constituant les ennemis de celle qu'ils auraient dû consoler et soutenir, Henri et Conrad cèdent aux conseils qui leur sont suggérés. Henri sera landgrave, et Conrad recevra de lui de riches apanages en échange de son concours à l'usurpation. La vérité doit cette justice à la décharge de leur félonie : il leur fut proposé de faire assassiner le jeune Hermann, ils refusèrent. D'ailleurs, les regrets amers d'avoir injustement persécuté leur *sainte* belle-sœur, regrets qu'ils exprimeront bientôt à la face de la terre, et les pénitences sévères qu'ils accepteront, témoignent que d'autres qu'eux furent les premiers coupables.

Cela dit, voyons soit les princes, soit leurs conseillers, portant à son comble la mesure de lâcheté et d'injustice. Elisabeth était auprès de sa belle-mère, lorsque les mandataires d'Henri viennent insolemment lui signifier qu'elle ait immédiatement à sortir du château. « Assez, lui disent-ils, vous avez épuisé les trésors de l'Etat, ruiné et déshonoré la dignité souveraine; Henri, notre maître et le vôtre, vous défend de rester ici davantage... »

Bouleversée par ce message brutal, la douce veuve demande au moins un court délai; vainement Sophie, révoltée d'un tel attentat, prend sa défense; vainement elle réclame d'être mise en présence de ses fils, tout leur est refusé. Menaçant d'employer la force, les vils émissaires ne se retirent que quand, tremblante et toute en larmes, Elisabeth sort sans pouvoir emporter quoi que ce soit. Mais, du reste, tout avait été prévu; deux de ses dames d'honneur, avec ses enfants, l'attendaient dans la cour. Ainsi les portes du château où s'était écoulée sa royale existence se refermèrent-elles derrière elle!

La pauvre mère, pressant sur son sein l'enfant qu'elle allaitait, descendit ainsi escortée la longue côte qui aboutissait à Eisenach. C'était en plein hiver, le froid sévissait; elle passait, et nul bras ne se levait pour la protéger, nulle parole de consolation n'arrivait à son oreille. Des ordres sévères, en effet, avaient été donnés pour que lui fût refusée cette pitié qu'on accorde à la dernière des mendiantes réduites à une aussi affreuse situation. Mais qui ne sait comment les courtisans, pour gagner les bonnes grâces du prince ou du peuple, peu importe le nom du pouvoir, vont au-delà de ce qui leur a été recommandé? Qui ne sait l'audace de leur zèle hypocrite et infâme?

L'infortunée erre à travers les rues d'Eisenach ; les moins durs habitants de cette ville, si pleine de ses charités et de ses bienfaits, détournent la tête, et pas une porte ne s'ouvre pour l'abriter. Enfin une masure communale et encombrée d'outils et de matériaux, s'offrant à son regard, elle entre y passer la nuit avec ses deux suivantes et ses quatre enfants.

Mais là soudain Dieu lui communique cet amour qui est plus fort que la mort, selon l'expression sacrée ; là, ses larmes soudain s'arrêtent. « Une joie surnaturelle descend en elle, et la pénètre tout entière. » Entendant sonner l'office dans un monastère de Franciscains qu'elle avait fondé, elle y va, toujours entourée des siens, et après avoir, avec un recueillement indicible, assisté à ces longues prières de la nuit, elle a bien le courage de demander aux Pères que soit chanté solennellement pour elle l'hymne liturgique de l'action de grâces.

Écoutons saint Bonaventure. « Chassée de sa demeure, dépouillée de tous ses biens, elle, fille de rois, se voit en proie à la pauvreté, elle passe la nuit dans un réduit affreux où logeaient d'ordinaire des pourceaux, et ravie de ce dénûment auquel elle est condamnée, elle court à la chapelle des Frères-Mineurs, et les prie de chanter avec elle le *Te Deum* pour remercier Dieu de l'avoir rendue pauvre, de riche qu'elle était la veille, et par là elle confond ceux qui l'ont précipitée dans cette affreuse misère. »

Quel *Te Deum !* quelle foi, quelle résignation sublime ! O mon Dieu, dans la vie de vos saints n'est-il pas vrai qu'il se trouve peu de faits aussi héroïques, des témoignages aussi manifestes de votre toute-puissante intervention ! « Seigneur, que votre volonté se fasse, répétait-elle... Si je vous avais mieux servi étant souveraine, si j'avais fait plus d'aumônes en votre nom, c'est maintenant que je m'en féliciterais. »

Après une cinquante d'heures passées ainsi dans les églises ou dans son inhabitable demeure, Elisabeth, brisée par la vue de ses enfants souffrant comme elle de froid et de faim, crut qu'elle devait faire le sacrifice de se séparer d'eux. Quelqu'un, dont elle croyait être sûre, lui offrit de s'en charger et de les élever secrètement jusqu'à nouvel ordre ; et elle accepta.

Le Seigneur s'est engagé à consoler tout cœur qui l'appellerait avec confiance du sein des tribulations. Il a promis d'essuyer lui-même de sa main invisible les larmes de ses serviteurs fidèles. Comme ces vérités si douces et si salutaires sont confirmées par l'histoire de notre sainte ! Plus les hommes l'abreuvaient d'ingratitudes et d'outrages, plus elle souffrait dans son corps et dans son âme, et plus lui prodiguaient de joies surnaturelles ses colloques fréquents et intimes avec Jésus et Marie. Ces faveurs célestes étaient visibles ; Ysentride et Guta, ces deux dignes femmes qui s'étaient attachées à son sort, déposèrent que, surtout pendant cette période de sa vie, elles l'avaient vue mainte fois plongée dans l'extase, et l'avaient entendue leur répétant les confidences et les exhortations divines dont elle avait été alors privilégiée.

Elle resta quelque temps dans Eisenach, se réfugiant ici ou là, gagnant sa vie en travaillant, le plus souvent nourrie du pain de la charité. Enfin, sa belle-mère ne pouvant parvenir à adoucir son sort,

fit avertir secrètement Mathilde, abbesse de Kitzingen, une des sœurs de la reine de Hongrie, qui avait
toujours témoigné beaucoup d'affection à sa pieuse
nièce. Sans délai, cette religieuse envoie des messa-
gers affidés avec des voitures qui amènent à l'abbaye
la veuve et ses quatre enfants, à travers les vastes
forêts et les montagnes qui séparent la Thuringe de
la Franconie.

Recevant des soins de toute nature, objet de la vénération du monastère entier, Elisabeth aurait volontiers fini là ses jours. Ses enfants étaient en sûreté
et près d'elle : rien n'y troublait ses oraisons, ses
pratiques de piété. Ce qu'elle regrettait, c'était de
ne pouvoir suivre de point en point les exercices et
les règles monastiques comme une vraie religieuse ;
néanmoins, elle remerciait Dieu de la grâce qu'il lui
faisait de l'appeler dans cette solitude, lorsque brus-
quement elle dut la quitter.

Son oncle, le frère de cette même Mathilde, Egbert,
prince-évêque de Bamberg, n'avait pas tardé à savoir
et les infortunes d'Elisabeth et son refuge à Kitzingen. Ne jugeant pas convenable qu'elle habitât un
monastère, il la fit venir dans ses Etats avec ses orphelins, moins Sophie, sa seconde fille ; cette enfant
resta avec sa grand'tante et plus tard devint religieuse dans son abbaye. Le prélat ayant proposé en
vain à Elisabeth de la transporter en Hongrie, auprès de son père, lui donna la jouissance d'un fort
beau château où elle se rendit, suivie des siens. Dans
cette magnifique résidence, Elisabeth, incapable d'oublier le néant et le danger des grandeurs humaines,
continua la vie mortifiée de laquelle elle regrettait de
plus en plus — bien injustement ! — de ne pas avoir
toujours et assez vécu.

Cependant, quelque temps après son installation

dans ce château, elle fut engagée par Egbert à se remarier. Justement considéré par l'empereur Frédéric II, il espérait le décider à s'unir à elle.

La proposition semblait très acceptable, car l'empereur, veuf de Yolande de Jérusalem, savait que, par sa naissance et ses hauts mérites, cette jeune veuve de Louis ne pouvait qu'embellir sa vie, enrichir et glorifier sa couronne...

Aux très pressantes raisons que le prélat fit valoir pour la déterminer, elle opposa avec respect ces objections que M. de Montalembert a traduites d'un ancien biographe :

« Sire, j'ai eu pour seigneur un mari qui m'a chérie tendrement, qui a toujours été mon ami loyal ; j'ai eu part à ses honneurs et à sa puissance ; j'ai eu beaucoup de bijoux, de richesses et de joies de ce monde : j'ai eu tout cela ; mais j'ai toujours pensé ce que vous-même savez bien, que la joie du monde ne vaut rien. C'est pourquoi je veux quitter le siècle et payer à Dieu ce que je lui dois, les dettes de mon âme. Vous savez bien que toutes les aises mondaines ne produisent que douleurs et tourments, et la mort de l'âme. Sire, il me tarde beaucoup d'être dans la compagnie de notre Seigneur. »

Le projet d'Egbert relatif au mariage de sa nièce ne se réalisa pas. La sainte veuve, tertiaire franciscaine, ne voulut d'autres richesses, d'autre bonheur en ce monde, que l'accomplissement en elle de cette parole de son séraphique Père : Mon Dieu est mon tout !

XII. — Pélerinage d'Elisabeth. — Son retour à Bamberg. — La dépouille mortelle de Louis. — Elisabeth rétablie dans ses droits, reprend toutes ses œuvres de charité.

Libre qu'elle était, grâce à son oncle, de suivre les inspirations de sa ferveur, Elisabeth entreprit à cette époque quelques pèlerinages. Çà et là se trouvaient, comme il s'en trouve aujourd'hui, des tombeaux, des sanctuaires, des abbayes fréquentés par les âmes fidèles, témoins de plus de manifestations de la bonté divine. Elle se mit donc à faire ces pieuses visites, accompagnée de ses deux amies. Remarquons que partout on tint à conserver des souvenirs de sa foi et de son humilité. A Erfurt, le simple verre d'une fille repentie, dont elle voulut se servir dans la communauté des pécheresses de ce nom où elle séjourna, existe encore vénéré comme une relique précieuse ; le jour de sa fête, toutes les pensionnaires ont le bonheur d'y mouiller leurs lèvres. A Andechs, entre la Bavière et le Tyrol, elle s'arrêta aussi. Là coule toujours une source abondante qui s'ouvrit à sa prière. Dans la fondation d'un des monastères sanctifiant ces montagnes, elle légua en ameublement sa robe de noces, qu'elle déposa elle-même sur l'autel, et plusieurs autres objets de piété. Tous ces présents ont échappé aux ravages du temps et des révolutions. « Le peuple simple et fidèle, dit M. de Montalembert, qui avait visité ces lieux, vient encore les vénérer et les baiser avec un respectueux amour. »

Elle voyageait ainsi, se sanctifiant elle-même et édifiant les autres, lorsque l'évêque, son oncle, la rappela à Bamberg, pour y recevoir les restes de son mari. Le noble croisé avait demandé en mourant d'être inhumé à Reynhartsbrünn, monastère de la Thuringe qu'il avait fondé. Obligés d'accomplir le vœu, de combattre les infidèles, les seigneurs et chevaliers de sa suite avaient provisoirement déposé son corps à Otrante. La croisade terminée, ils avaient repassé par cette ville pour obéir aux instructions d'un prince dont nul d'eux n'aurait pu perdre le souvenir.

Après avoir traversé l'Italie et l'Allemagne méridionale, ils furent avertis de se rendre à Bamberg, avec le précieux dépôt dont ils s'étaient chargés. Partout accueilli avec vénération, le corps de Louis le fut encore davantage par le Pontife. Porté dans la cathédrale, il y reçut les honneurs les plus solennels au milieu d'un concours immense de prêtres et de laïques, qui, tous ayant le nom du cher défunt sur leurs lèvres, joignaient leurs prières pour le repos de son âme.

Les cérémonies terminées laissaient aux chevaliers thuringiens un autre devoir à remplir, celui de transmettre à Elisabeth les derniers adieux et les dernières recommandations dont son mari les avait chargés pour elle. La Providence avait ménagé cette entrevue. Introduits devant Elisabeth, indicibles furent leur étonnement et leur indignation en apprenant d'elle ce qui s'était passé. Son triste récit, malgré la charité immense qui en dominait les phrases, était accablant pour les deux frères coupables. Evidemment, les droits légitimes d'une veuve et de ses orphelins avaient été indignement méconnus par ceux qui, les premiers, auraient dû les respecter.

Parmi ces seigneurs se trouvait le sire de Varila, le fils de ce chevalier si dévoué qui avait conduit Elisabeth de Hongrie en Thuringe, et qui, comme son père, était prêt à la défendre au prix de son sang.

Avec ses frères d'armes, il déclare qu'ils ne reconnaissent qu'elle pour souveraine; puis, choisi par eux pour présider leur démarche auprès des princes usurpateurs, il part immédiatement, mais non, remarquent les historiens, sans avoir reçu de la noble princesse les recommandations les plus pressantes d'étouffer tout sentiment de haine et de vengeance.

Les loyaux chevaliers portaient toujours avec eux le corps de Louis à l'abbaye de Reynhartsbrünn. Le bruit de leur arrivée réveilla les souvenirs de la bonté extrême des deux époux, et en même temps des spoliations et des outrages injustes dont l'innocente veuve était victime. Les funérailles de Louis *le saint* furent splendides; Henri et Conrad, qui y assistèrent, ne purent cacher les larmes que leur arrachaient la douleur et le remords.

Elisabeth était restée dans la ville, mais dès que la pompe funèbre fut entrée à l'église, elle voulut y aller; assez forte d'abord pour contenir sa douleur, elle s'approcha du cercueil et le fit ouvrir pour voir ce qui lui restait de cet époux uniquement aimé. Lorsque ses yeux s'arrêtèrent sur ces ossements, ses larmes coulèrent abondantes, et elle ne chercha plus à arrêter l'expression de ses regrets. « Mon Dieu, finit-elle par répéter, je l'abandonne et je m'abandonne moi-même aux ordres de votre volonté sainte... et quand il ne faudrait qu'un cheveu de ma tête pour le rappeler à la vie, je ne voudrais pas qu'il me fût rendu contre la disposition de votre Providence. »

Paroles sublimes de la résignation parfaite! Dernier cri de la nature, vaincue par la foi et l'amour! Puis essuyant ses larmes, la sainte se retire à l'écart dans un cloître.

Cependant voici la députation en présence des deux princes. Les chroniques, dit M. de Montalembert, devaient à juste titre enregistrer une pareille re- montrance, et il reproduit ce document où sont exal- tées les hautes vertus d'Elisabeth, et énerg'quement revendiqués ses droits. « Votre conduite crie ven- geance à Dieu, concluait le sire de Va ila! Qu'aviez- vous donc à craindre d'une pauvre femme malade, abandonnée et désespérée, seule, sans amis et sans alliés dans ce pays? Que vous aurait fait cette ver- tueuse femme, quand même elle serait restée maî- tresse de tous vos châteaux? Que va-t-on dire de nous maintenant dans les autres pays?... Vous avez offensé Dieu, déshonoré la Tharinge, perdu votre propre renommée et celle de votre noble maison. Craignez que la vengeance divine ne s'appesantisse sur votre pays! »

Quels que puissent être les désordres constatés à une époque qu'il est convenu d'appeler *ténèbres* et *barbarie*, n'hésitons pas à affirmer qu'ils sont mê- lés de beaucoup de bien, ces temps où des inférieurs pouvaient faire entendre à leurs puissants maîtres de pareils reproches, et où les accusés les accueil- laient « silencieux et fondant en larmes. » Gloire à l'Eglise et à ceux qu'anime son esprit de justice in- flexible! La seule objection présentée par Henri, pour garder la principale part de ce qu'il avait usurpé, fut celle-ci : « Si ma sœur Elisabeth avait à elle toute l'Allemagne, il ne lui en resterait rien; car elle la donnerait tout entière pour l'amour de Dieu. » Dans cette objection, quel hommage incomparable rendu à la vertu.

La réconciliation de notre sainte avec ses beaux- frères fut loyale et complète. Mais comment ne l'eût-elle pas été de sa part : refusant les honneurs et la fortune que ceux-ci la priaient de reprendre, elle demandait seulement, sur ce qui lui avait été enlevé de sa dot, de quoi pourvoir aux dépenses qu'elle se proposait pour le salut de l'âme de son mari et pour le sien ! Quant aux droits de ses enfants, et principalement du jeune Hermann, elle se contentait de les voir assurés, et d'avance elle remerciait Henri d'accepter la régence du trône.

L'Écriture recommande aux puissants de la terre la cause des faibles opprimés ; Dieu lui-même, en maint endroit, déclare qu'il soutient la cause de la veuve et de l'orphelin, qu'il ne laisse pas impunis les crimes commis contre ces pauvres délaissés. Entre les mille preuves qui peuvent être citées de l'accomplissement de ces sentences, que ne soient donc pas oubliées celles que nous fournit la vie d'Elisabeth. Spoliée, persécutée, mendiante, objet du mépris le plus injuste, le plus inhumain, elle n'a ambitionné que le *royaume de Dieu ; et le reste lui est revenu par surcroît.*

La voilà réinstallée a la Wartbourg. Traitée par sa famille avec une affection généreuse, qui s'étudiait à faire oublier le passé, l'illustre veuve y reprend le cours de ses œuvres pieuses. Elle peut s'y livrer d'autant plus facilement que son veuvage l'affranchit des réunions et des fêtes auxquelles autrefois sa condition l'assujétissait. Ainsi, dès sa rentrée, elle acheva la fondation de l'hospice de Sainte-Marie-Madeleine, qui était restée interrompue ; elle se remit en relations avec ses pauvres. Comme autrefois, tout le temps qu'elle n'employait pas à les recevoir ou à les visiter, elle le consacrait à la prière et à la méditation. En un mot, plus soudainement, et contre son attente, elle s'était retrouvée riche et maîtresse de ses actes, plus elle s'étudiait à devenir pauvre et servante de Dieu.

Mais non, cette existence que nous trouvons si parfaite, ne la satisfait point. Encore une fois, *que Dieu est admirable dans ses élus!* Etudions-la donc plus attentivement cette vie, pendant les trois années qu'elle va durer encore sur la terre.

XIII. — Elisabeth ne peut devenir clarisse. — Marbourg. — Consécration absolue à Dieu. — La folie de la Croix.

Malgré tous ses efforts, Elisabeth se trouvait trop au milieu des agitations et des vanités du monde pour se soustraire entièrement à son influence. Le rapprochement vers Dieu veut une solitude parfaite, qui ne se trouve point dans une cour quelle qu'elle soit.

Après de longues oraisons, elle se sent appelée à la profession religieuse dans l'ordre même dont elle était déjà pénitente-tertiaire ; et tout le monde sait quelles mortifications constituent la vie de ces vierges angéliques, qui çà et là sanctifient encore la terre sous le nom de *clarisses*. Elle voulait suivre à la lettre la règle monastique du glorieux stigmatisé d'Assises, aller comme lui et ses fils spirituels, après l'abandon de tous ses biens, mendier son pain de porte en porte.

Si détournée de ce projet par Conrad, ce confesseur pourtant bien exigeant, que le cardinal Ugolin lui avait choisi, elle y renonça, ce ne fut pas sans verser d'abondantes larmes et sans lui répéter : « J'obéis, mais je ferai quelque chose que vous ne pourrez pas me défendre. »

En effet, le duc Henri, fidèle à ses promesses, la

traitait avec le plus affectueux respect, car lui-même et les plus mondains de ses courtisans ne pouvaient se soustraire à une sorte de vénération pour tant de vertus.

Elle lui demanda donc une demeure tranquille pour toute propriété ; ce qu'il lui accorda avec empressement, y ajoutant une somme assez considérable pour qu'elle s'y établît convenablement.

Cette résidence qui devint le douaire de notre sainte, était le château de Marbourg, que son souvenir a immortalisé. Toutefois, la charité d'Elisabeth, qui lui attirait une multitude de visites ou d'affaires, de la part des habitants de la ville même de Marbourg ou des environs, fit que bientôt elle laissa à ses officiers l'administration de ses domaines ; et provisoirement elle se retira dans une chaumière à une lieue de là, sur les bords de la Lahn. M. de Montalembert annote ici qu'en visitant cet humble toit il a retrouvé de nombreux souvenirs d'Elisabeth, malgré le laps des années et le protestantisme si radicalement hostile au culte des saints.

Il importe de préciser avec l'histoire ce que fut cette habitation momentanée. Quels détails pourraient mieux peindre la passion qu'éprouvait cette fille des rois, d'imiter le plus possible l'adorable souverain, qui, dit l'Evangile, *ne voulut pas avoir un lieu où reposer sa tête.*

Telle était cette demeure qu'elle dut la garnir entièrement de branches d'arbres et d'herbes pour se garantir du vent ou du soleil excessif. Pendant qu'elle y préparait elle-même sa chétive nourriture, elle supportait, en rendant grâces à Dieu, tous les désagréments du froid, du chaud, d'une épaisse fumée.

Quant à son habitation définitive, voici celle qu'elle se faisait construire à Marbourg même, auprès du

couvent des Frères-Mineurs. C'était « une maison-
nette de bois et de terre glaise, comme une cabane
de pauvre, afin de montrer ainsi à tous les yeux que,
non pas une riche princesse s'installait dans sa capitale, mais bien une simple et patiente veuve qui
venait y servir le Seigneur en toute humilité. » (DE
MONTALEMBERT.)

C'est là que, s'établissant avec ses enfants et ses
deux fidèles suivantes, Gutha et Ysentrude, elle ré-
solut de se consacrer à Dieu aussi exclusivement
qu'elle pourrait. C'est là que, ne pouvant avoir le
consentement de son directeur pour devenir clarisse,
elle en obtint la permission de donner à son affilia-
tion à l'ordre franciscain, un caractère irrévoca-
ble et solennel. Comme une religieuse cloîtrée, elle
prononça publiquement, à la face des autels, les vœux
de chasteté, d'obéissance et de pauvreté absolues ;
donnant ainsi la première au tiers-ordre franciscain
cette forme monastique qui, un peu plus tard, produisit une foule de congrégations, dont la plupart
aussi bien sont placées sous son célèbre vocable.

Elisabeth avait vingt et un ou vingt-deux ans, lorsque le jour du vendredi-saint, choisi exprès par
elle, elle revêtit les livrées de la pauvreté franciscaine,
en proférant ces mots recueillis précieusement : « Si
je pouvais trouver un habit plus pauvre que celui
de Claire, je le prendrais pour me consoler de ce que
je ne puis entrer tout-à-fait dans son saint Ordre ;
mais je n'en connais pas. »

« Après le décès de son époux, dit la Bulle de sa
canonisation, estimant la vie qu'elle avait menée
jusqu'alors trop imparfaite, elle prit le saint habit de
religion et vécut le reste de ses jours en très parfaite
religieuse, honorant par son état et ses exercices con-

tinuels, les sacrés et adorables mystères de la mort
et de la passion douloureuse de notre Sauveur. »

Avant de prouver la vérité de ces derniers éloges,
disons ici comment Elisabeth consomma son sacrifice
à Dieu. Si nulle mère n'aima jamais plus qu'elle ses
enfants, le lecteur comprend tout ce que son veuvage et ses infortunes durent ajouter à l'affection
vive et tendre qui animait déjà à leur égard un
cœur tel que le sien. Mais le moment était venu où,
et pour elle et pour eux, une séparation devait avoir
lieu. Dure, impitoyable pour elle-même, n'avait-elle
pas à craindre d'imposer, à son insu, à ces orphelins
une éducation trop sévère, qui n'était pas dans les
vues de Dieu! Leur avenir ne serait-il pas compromis? Enfin, comment elle-même, astreinte à des devoirs de famille obligatoires et aimés, s'occuperait-elle, nuit et jour, à adorer, à servir, à imiter le
Crucifié du Calvaire, son unique époux désormais!

Longues, bien longues furent ses prières pour obtenir du ciel la force d'éloigner d'elle ces êtres si
vivement chéris. « Le Seigneur, dit-elle, enfin m'a
exaucée. Mes enfants que j'aimais tant, que j'embrassais avec une si grande tendresse, eh bien ! ces chers
enfants, c'est à Dieu maintenant que je les offre, que
je les confie ; qu'il en fasse en tout sa volonté. Je
n'aime plus rien, plus aucune créature ; je n'aime
plus que mon Dieu. »

En conséquence, Hermann fut envoyé au château
le Creuzbourg, pour s'y préparer à prendre en main
le sceptre de la Thuringe. Sophie, la cadette, fiancée
déjà au duc de Brabant, habita avec lui. Une autre
Sophie, sa troisième fille, retourna à l'abbaye de
Kitzingen, où, prenant le voile, elle finit ses jours,
et Gertrude, la plus jeune de la famille, fut confiée
aux Prémontrées d'Altenberg.

Voilà donc complète l'immolation d'Elisabeth, ce *n'est plus elle qui vivra, mais Jésus-Christ qui vivra en elle...* Oh ! non, Dieu ne nous demande pas à tous un tel crucifiement; mais si dans tous les siècles il est salutaire d'arrêter nos regards sur les âmes ainsi privilégiées de la grâce, ainsi victorieuses du monde et d'elles-mêmes, vous et moi, chers lecteurs, ne plaçons pas vainement sous nos yeux ce tableau des luttes et des triomphes d'Elisabeth. Au lieu de laisser attiédir encore notre foi par les maximes banales du libre penseur : C'est de l'extravagance, de la superstition ! à quoi servent ces privations, ces tortures, qu'un Dieu bon n'exige pas ! etc., disons, au contraire, en raison même de nos répugnances pour un tel genre de vie : Il est tout-à-fait opposé à nos entraînements vers la jouissance, il contredit radicalement les penchants de la nature, donc il n'est et ne peut être que l'œuvre de l'Auteur suprême de la nature et de la grâce. Donc, envions au moins très ardemment une telle perfection, une telle béatitude !

XIV. — Elisabeth pendant les deux dernières années de sa vie.

Elisabeth n'a plus qu'environ deux ans à passer sur la terre ! Que fit encore cette veuve « tant amoureuse de la félicité éternelle, qui a servi sur la table du Maître trois mets précieux, en repoussant tout ce qu'il défend, en obéissant à tout ce qu'il ordonne, en accomplissant tout ce qu'il conseille... Ce vase d'élection admirable par la vertu de son humilité, l'abjection de son corps, la tendresse de sa compassion, et que tous les siècles admireront? » (LETTRE DE

Grégoire a la reine de Castille Béatrice.) Essayons de le raconter, c'est-à-dire choisissons quelques faits propres à donner une idée de chacune des principales vertus dont elle rendit continuellement témoins le ciel et la terre.

Et d'abord sa tendre charité pour les pauvres et les malades.

Elle affecta à leur soulagement tous ses revenus sans exception, se contraignant elle-même à ne gagner son pain que comme une simple ouvrière. Voyez-la dans sa hutte de bois et de terre, filant de la laine pour un monastère qui ne la paie qu'à raison du travail qu'elle fait ; sa santé l'obligeant parfois de garder le lit, elle y place avec elle sa quenouille, que ses deux compagnes lui arrachent des mains, tant elles voient cette occupation au-dessus de ses forces.

Elle se livrait à cette bien humble occupation, remarquons-nous en passant, lorsqu'un noble ambassadeur du roi son père vint de sa part lui faire la proposition de retourner à la cour de Hongrie. Tout pieux qu'il était, André ne pouvait croire que l'humiliation si profonde de sa fille fût entièrement volontaire. Mais extrême fut l'étonnement du vieux serviteur habitué à l'étiquette et aux traditions de la cour, quand il trouva la sainte vêtue comme nous l'avons dit, la quenouille à la main, dans un pareil réduit, et qu'il vit rejetées toutes ses demandes les plus suppliantes.

Ne redisons pas que sa nourriture se composait des aliments les plus simples, préparés tant bien que mal, et toujours dans l'eau pure et sans sel ; que ses vêtements consistaient en une robe de gros drap de campagne, serrée autour des reins par une corde, en un manteau de même étoffe grossière ; un méchant voile couvrait sa tête rasée, elle allait pieds nus !

« S'assujétissant aux plus infimes travaux pour ses pauvres, elle leur procurait le nécessaire, se contentant, elle, d'herbes et de légumes. » (Brév. Rom.)

N'ajoutons pas que, quelque affable et souriante qu'elle fût en tout et pour tous ; que, malgré la haute sagesse de ses conseils ou de ses paroles de consolation, elle n'était considérée par beaucoup que comme une extravagante et une folle !

Un mot de plus sur cette charité pour ses frères affligés et indigents. Plus que jamais ne cherchant que Jésus dans ce monde, elle le trouvait et le voyait vivant sous les haillons du pauvre.

Dès son installation à Marbourg, elle fait construire un hôpital sous le vocable du patriarche d'Assises, que l'Eglise venait d'inscrire au catalogue des saints. Son bonheur sera d'y venir chaque jour avec ses deux suivantes devenues ses sœurs de religion; d'y installer, habiller, panser les malades, d'y essuyer des larmes et ranimer des courages. A elle le soin spécial des plaies plus dégoûtantes, des ulcères plus fétides et plus contagieux. « De mémoire d'homme, on n'avait vu remporter un si merveilleux triomphe sur toutes les répugnances des sens, ni unir à ce point l'ardeur et la persévérance dans la pratique du plus humble dévouement. » (M. de Montalembert.)

Réservons une mention particulière pour la tendre compassion d'Elisabeth à l'égard des lépreux, et pour les miracles dont plusieurs fois Dieu la récompensa instantanément.

Un passage dû à l'illustre docteur saint Bonaventure, confirme et résume ainsi cette vie de charité : « Elle était pleine de cette compassion dont l'abondance rafraîchit l'âme comme l'eau désaltère un terrain sec; elle nourrissait les indigents, soulageait les

infirmes, soignait de ses mains leurs plaies et leurs
maladies ; elle donnait à manger à ceux qui avaient
faim, des vêtements à ceux qui étaient nus, s'occu-
pait de la sépulture des morts. Ainsi agit-elle dans
l'hôpital qu'elle avait fait construire elle-même ; sa
charité se répandait partout, parce que l'amour de
Dieu remplissait son cœur. » (S. BONAVENTURE. *Panégyrique de la sainte.*)

Cet amour de Dieu, principe non-seulement de sa
charité mais encore de toutes ses éminentes vertus,
se manifestait toujours chez elle par sa soumission
absolue au directeur de sa conscience. Cette soumission commune et même nécessaire sans doute à tous
les saints, se revêtait chez elle de caractères si héroïques, que l'Eglise a jugé utile de la glorifier spé-
cialement à cet égard. « Que voulez-vous que je vous
dise davantage ! Cette noble princesse, renonçant à
tous les droits que la nature et la naissance lui don-
naient, et plongeant tous ses désirs dans l'unique
volonté de plaire à Dieu, promit et garda une très
fidèle obéissance à son confesseur. » (BULLE DE CANO-
NISATION.)

Pourquoi annoterions-nous que si le P. Conrad
eut à diriger cette belle âme, sa tâche consista non
pas à la pousser, ni même à l'entretenir dans le vrai
sentier de la piété catholique, mais à modérer sans
cesse, à retenir l'ardeur, la sainte passion qui la
tourmentait de montrer à Dieu par ses jeûnes, ses
mortifications d'âme et de corps, ses souffrances,
qu'elle n'aimait, qu'elle ne voulait aimer absolument
que Lui : que ce soit là le plus bel éloge qui puisse
être fait d'un cœur chrétien. Quoi donc de plus héroïque que le renoncement sans réserve à notre volonté ? Ne vouloir parler et agir, quand bien même
ces paroles et ces actions nous paraîtraient unique-

ment bonnes et saintes, qu'avec la permission d'une personne dont les idées peuvent complètement différer des nôtres, quel joug, quelles entraves n'est-ce pas s'imposer? Oh! combien il faut avoir de foi pour chercher et accepter avec amour ce qui contrarie ainsi la nature dans ce qu'elle a de plus intime et de plus invincible! Combien il faut avoir médité sur l'amour et sollicité l'imitation de Celui qui, descendu du ciel pour faire la volonté de son Père, ne voulut jusqu'à sa mort, sur l'arbre de la croix, qu'accomplir jusqu'au iota les décrets de cette volonté!

Ainsi, Elisabeth ne soulageait ses pauvres, ne jeûnait, ne priait que dans la mesure rigoureuse qui lui était prescrite; l'heure, la qualité, la quantité des aumônes, des privations, étaient très souvent déterminées contrairement à ses désirs : mais, disons-nous, elle obéissait ponctuellement, parce qu'avec l'œil de la foi elle ne voyait dans son directeur que le mandataire de Dieu. Entendez sa réponse à ses compagnes, qui trouvent excessive cette obéissance : « Si je redoute de la sorte un homme mortel, combien ne faut-il pas trembler devant Dieu juge et maître de tous les hommes. » Et sa déférence en particulier pour Conrad était aussi une conséquence du mode de l'existence qu'elle avait désiré. « J'ai choisi la vie des pauvres sœurs, parce qu'elle est la plus méprisée de toutes; si j'en avais connu une plus méprisée, je l'aurais embrassée. J'aurais pu faire vœu d'obéissance à un évêque ou à un riche abbé; mais j'ai préféré maître Conrad, parce qu'il n'a rien, qu'il n'est qu'un mendiant, et qu'ainsi je n'ai aucune consolation à attendre de ce côté. »

Nous étonnerions-nous maintenant des récompenses célestes prodiguées à cette sainte esclave de Dieu, ayant tout abandonné, s'étant abandonnée elle-même pour suivre Jésus portant sa croix? Est-il surprenant que tant d'amour reçoive, dès ici-bas, des bénédictions promises par la parole éternelle? qu'avant de l'appeler dans le paradis, Dieu la glorifie devant les populations, comme sa fille bien-aimée en qui il se complaît?

Citons quelques-uns de ces miracles. Le premier et le plus frappant de ceux qu'elle opéra à Marbourg fut la guérison instantanée d'un jeune sourd-muet. Il est ainsi raconté. La pieuse duchesse, entrant dans son hôpital, aperçut à quelques pas de la porte un enfant estropié et difforme, étendu sur le sol et presque sans mouvement. La mère de cette pauvre créature s'était éloignée, et l'avait déposée là, dans l'espérance que quelqu'un en aurait pitié et la prendrait. Vainement la sainte l'interroge, lui prodigue des caresses; ne comprenant pas ce silence, et cédant soudain à cette céleste compassion qui l'inspirait, elle lui dit : « Au nom de notre Seigneur, je t'ordonne de me répondre sur-le-champ; dis-moi qui tu es, d'où tu viens. » A l'instant même, l'enfant se redresse et lui répond : « Ma mère m'a déposé là. » Et puis il raconte que, pour la première fois de sa vie, il parle et il entend ; il ne sait comment cela a pu se faire... Interdite et troublée, la sainte se prosterne à genoux immédiatement pour remercier Dieu, dont elle voit l'action toute-puissante. Inutile de dire l'impression produite sur tous par ce miracle que nul ne pouvait contester, et qui aussi bien attira vers Elisabeth des foules lui demandant les secours ou les soulagements dont Dieu la faisait dispensatrice.

Ainsi guérit-elle un paralytique qui vint la prier d'avoir pitié de ses souffrances, au nom de son cher apôtre saint Jean. — Un autre, estropié des mains et des pieds, qui s'était fait porter de Reynharisbrünn, non loin du tombeau du landgrave Louis, et qui la suppliait au nom de cet époux bien-aimé. — Un possédé qui s'arrêta dans une visite qu'elle faisait au couvent d'Altenburg. Se mettant à genoux près de lui, l'embrassant avec respect, elle le bénit au nom de Jésus-Christ, qui, sur-le-champ, exauça son invocation. — Un vieillard aveugle, venu de loin pour supplier « la chère dame qui consolait les pauvres gens, » accueilli par elle avec bonté, reçut soudain et publiquement l'usage de la vue.

A ces faits exposés avec de longs détails, doivent être ajoutés beaucoup d'autres qui conquéraient à la pieuse veuve une vénération sans pareille. Et que serait-ce s'il fallait redire les merveilleuses transformations d'âmes obtenues par ces prières, par un seul de ces regards vers le ciel. « Témoin ce jeune homme sur qui sa prière produisit un tel effet, qu'il se convertit sur-le-champ et entra dans l'ordre des Mineurs, où il vécut et mourut saintement. » (S. BONAVENTURE.)

Il nous resterait à rappeler comment à cette vie si admirablement active, Elisabeth unissait la vie contemplative ; en d'autres termes, par quelles œuvres de piété elle sanctifiait celles de sa charité. Mais quelques mots doivent suffire à cet exposé ; il est certain que très souvent on la vit en prières, à genoux, les yeux et les mains vers le ciel, et cela non-seulement pendant plusieurs heures du jour, mais encore de la nuit. Le plus ordinairement, pour n'être point troublée dans ces longs exercices et lorsque ses occupations le lui permettaient, c'était au silence des campagnes isolées qu'elle allait demander le calme dont son âme avait besoin dans ses colloques intimes avec son céleste Epoux.

Aux anges de Dieu de révéler à la terre la ferveur de ses communions, son recueillement profond lors-qu'elle assistait aux services sacrés, son respect pour la parole sainte, sa dévotion si filiale et si affectueuse pour la reine des Cieux, dont elle portait toujours sur elle quelque image.

Aussi bien, à mesure qu'elle approchait du terme de sa carrière mortelle, ces oraisons, cette piété se transformaient-elles incessamment en extases et en ravissements très sensibles. « Le nombre des révéla-tions, des visions, des entretiens surnaturels qu'elle eut sur la fin de sa vie fut immense, dit son dernier biographe, et quoiqu'elle s'attachât en général à te-nir cachées ses faveurs immortelles, elle ne pouvait les dissimuler entièrement à celles qui vivaient avec elle ;... souvent le divin Epoux de son âme se montra à elle face à face, accompagné d'une multitude de saints. Il la consolait par ses très douces paroles et la fortifiait par sa vue. » (M. DE MONTALEMBERT.)

Cette absorption fréquente de toutes les facultés d'Elisabeth en Dieu, eut du reste ceci de très remar-quable et qui ne se retrouve, croyons-nous, que chez un petit nombre de saints: l'inutilité de toute alimen-tation pendant un long espace de temps, la nourri-ture surabondante que recevait alors son âme sup-pléant la nourriture du corps.

Ainsi, par ses vertus, ses oraisons, ses œuvres bé-nies du ciel, Elisabeth se disposait-elle à goûter bientôt les jouissances sans mélange qui ne connaî-tront jamais de fin.

XV. — La sainte préparation à la mort. — Funérailles d'Élisabeth. — Sa canonisation. — Ses reliques, sa mémoi.

Le saint évêque de Genève a écrit dans son *testa-
ment spirituel* ces lignes que lui suggérait sa profon
expérience, et dont nous ne saurions trop deman
à Dieu l'intelligence pratique :

« Je ne tiens plus à la vie par aucun rapport d'
affection. J'ai résigné toutes mes volontés entre vos
mains, ô mon Dieu ; vous m'avez appris à mourir i.
y a longtemps. Les ressentiments du monde qui son
morts en moi m'ont fait leçon de la mort, les mortifi-
fications de l'esprit ont assoupli mon corps. Je ne vi-
vais pas puisque j'étais mort par dessein et par
règlement ; je n'estimais d'autre vie que celle qui est
en vous.

» Maintenant les ravissements d'esprit me présen-
sentent un échantillon du commencement de la
béatitude. Je n'ai plus foi dans mes extases, car je
vois ; je n'ai plus d'espérance, car je commence à
posséder, et la charité seule me reste pour me joindre à vous, qui êtes la charité même ; et comme le
feu monte toujours en haut, ainsi mon cœur qui en
contient s'envole à vous ; et plus je sens les forces de
mon cœur s'affaiblir, plus mon esprit se fortifie et
se délivre de la prison du corps, et dans cet état je
vois comme dans un miroir ce qui est de la béatitude.
Que les délices d'une âme qui est en la grâce de
Dieu sont indicibles ! — Sortons donc de ce monde
et montons au ciel par le secours de la miséricorde de
Dieu. »

Ainsi pensait et sentait Elisabeth. Depuis ses plus
tendres années étant au ciel par la pensée, elle ne

demandait en toute patience que la rupture des
liens qui la retenaient loin de cette éternelle patrie.
Essayons de dire les circonstances de cette mort. Oh!
*que mon âme, Seigneur Jésus, meure de la mort de
vos justes!*

Sur la fin de 1231, Elisabeth terminait sa vingt-
quatrième année, lorsqu'une nuit son divin Epoux
lui apparut au milieu d'une douce lumière, et lui dit
qu'il allait l'appeler à lui. Pleine de cette assurance,
et toute rayonnante d'une joie surnaturelle, elle se
dispose aussitôt à ce départ si ardemment désiré;
elle visite ses pauvres et ses malades pour la dernière fois, donne ici et là des ordres à son entourage,
et surtout relativement à sa sépulture. La vive atteinte du mal qui doit terminer son existence la con-
traint de se coucher; elle reste sur ce lit une quinzaine
de jours.

Enfin l'heure suprême va sonner. Toute brûlée par
une fièvre continuelle, soudain ses suivantes l'en-
tendent qui chante d'une voix un peu plus mélo-
dieuse, et qu'on ne lui connaissait pas. Interrogée à
cet égard, elle répond : « Mais où étiez-vous donc :
n'avez-vous pas entendu d'abord, ni vu cet oiseau
qui est venu se poser près de moi ici? C'est lui
qui, par son chant si suave et si pur, m'a contrainte
de chanter : il m'a dit que je mourrais dans trois
jours. »

« Nous croyons, dit la légende dorée, que cet oiseau n'était autre que son ange gardien, député
pour lui annoncer la joie éternelle. Comme parfois, à leur plus grande confusion, il est révélé aux
réprouvés avant leur mort qu'ils sont damnés, de
même les justes sont prévenus, pour leur plus grande
consolation, du bonheur qui les attend. »

Afin de méditer et de prier sans interruption, elle

demanda, dès ce moment, à ne voir aucune personne
étrangère. Seuls, son confesseur, à qui elle obéit
ponctuellement jusqu'à la fin, et quelques religieuses
qu'elle estimait particulièrement, pouvaient l'appro-
cher. Lorsque Conrad l'engagea à faire connaître ses
volontés testamentaires, elle répondit entre autres choses : « Vous savez que, selon vos ordres, je n'ai rien
gardé que pour mes aumônes ; j'aurais voulu avec
votre permission renoncer à tout et vivre moi-même
d'aumônes... Le peu donc que je parais posséder encore est la propriété des pauvres, distribuez-le leur.
J'excepte cette vieille robe que je porte, et je désire y
être ensevelie. »

Un legs qu'elle fit à une de ses religieuses a été
digne d'être remarqué, tant il lui était cher, et par
conséquent tant il devait rester comme un mémorial
de son amour pour l'Ordre séraphique. C'était le pauvre manteau de François d'Assises, dont le cardinal
Ugolin devenu pape lui avait fait cadeau. « Je vous
le lègue, dit-elle à son amie... ne vous souciez pas de
ce qu'il soit tout déchiré et rapiécelé : c'est le plus
précieux bijou que j'aie jamais possédé. Chaque fois
que j'ai voulu obtenir une grâce de mon bien-aimé
Sauveur et que j'ai prié sous ce manteau, il m'a toujours écoutée avec une infinie bonté. »

Ce ne sera pas notre froide plume qui essaiera
même d'analyser les choses édifiantes dont l'illustre
pénitente du tiers-ordre rendit témoins ceux qui se
trouvèrent près de sa couche de douleurs jusqu'à son
dernier soupir. Qui dira l'ardeur de ses exclamations
d'amour, de foi, d'espérance? la puissante éloquence
de ses recommandations à tous? les saintes larmes
qui ne cessèrent d'inonder son visage, rayonnant
d'une joie céleste? « Elle a mérité, à la fin de ses
jours, d'être reçue amoureusement par celui en qui

est notre espoir, qui se réserve d'exalter les innocents et les humbles, et qui l'a délivrée des liens de la mort pour l'asseoir sur le trône de l'inaccessible lumière. » (BULLE DE CANONISATION.)

Elisabeth de Hongrie fut couronnée *sur ce trône* incomparable le 19 novembre 1231; elle finissait à peine sa vingt-quatrième année.

La chapelle de l'hôpital de Saint-François, qu'elle avait fondé, où tant d'heures elle avait prié, pleuré, fait le bien, reçut sa dépouille mortelle après des funérailles à jamais mémorables par l'attitude et l'affluence des milliers de personnes qui y étaient accourues de très loin. Avant que le saint corps reposât en ce lieu, il eut besoin d'être protégé contre la vénération des foules qui, à l'envi, le dépouillaient de ses cheveux, de ses ongles, et se déchiraient entre elles les plus menus lambeaux des haillons qui le couvraient.

Les peuples ne se trompaient pas dans leur confiance religieuse aux restes de celle qu'ils avaient connue si bonne pour tous, et si parfaite imitatrice de Jésus-Christ. Dieu, pour encourager ces salutaires et glorieuses démonstrations, se plaisait de son côté à multiplier les signes de la puissance dont il venait d'investir à jamais l'humble femme qui avait acquis tant de droits à être exaltée.

Les prodiges de toute nature se produisaient au tombeau ou sur l'invocation d'Elisabeth. Les pontifes et le clergé, qui eux-mêmes avaient été en grand nombre les témoins ou les heureux objets de ces faveurs miraculeuses, demandaient à l'Eglise mère et maîtresse des Eglises de l'univers, au représentant direct et infaillible du Sauveur, d'élever un autel à la *chère dame* que déjà partout on appelait la sainte.

L'enquête fut rapide et facile, car les preuves surabondaient. Telle se produisit la lumière dans le cœur du saint vieillard, Grégoire IX, que, comme on l'a vu, l'apologie qui sortit de sa plume a bien plutôt le style lyrique de l'hymne ou de l'ode que la forme calme et mesurée d'un jugement solennel.

Ecoutons le pontife résumant ces derniers faits que nous esquissons.

« Mais tandis qu'au sein des beautés et des richesses de l'empire éternel, triomphante en la compagnie des saints et des anges, son esprit jouit de la face de Dieu, et resplendit avec éclat dans l'abîme de la gloire suprême, sa charité l'a fait sortir comme hors de ce trône pour nous éclairer, nous qui vivons dans les ténèbres de la terre, et nous consoler par un grand nombre de miracles, en vertu desquels les fidèles catholiques s'enracinent fortement et croissent glorieusement dans la foi, l'espérance et la charité ; les infidèles sont illuminés et informés de la vraie voie du salut, et les hérétiques endurcis demeurent la face couverte de confusion. »

Au xiiie siècle, ainsi que nous l'avons dit, de grands scandales désolaient l'Eglise ; les Albigeois, les manichéens, les fratricelles, etc., répandaient çà et là leurs doctrines impures aussi anti-sociales qu'anti-religieuses. Et Dieu avait suscité contre eux principalement Dominique et François et leur immense famille. Or, persuadé que des miracles aussi avérés, aussi notoires que ceux qu'opérait Elisabeth, devaient ramener à la vérité les sectaires de bonne foi et couvrir de confusion les sectaires les plus haineux, Grégoire IX insiste sur ces conséquences nécessaires.

« Car, continue-t-il, les ennemis de l'Eglise voient devant leurs yeux, sans pouvoir apporter aucune résistance que par les mérites de celle qui, durant la prison de cette vie, était amante de la pauvreté, pleine de mansuétude et de miséricorde, qui pleurait abondamment, non tant ses péchés propres que par une extrême charité, ceux des autres, qui avait faim de la justice, menait une vie très pure et très innocente, et qui, dans les persécutions continuelles et dans les opprobres dont elle a été battue et attaquée, a conservé une âme nette et un cœur calme et pacifique; ils voient que, par l'invocation de cette fidèle épouse de Jésus-Christ, la vie est divinement rendue aux morts, la lumière aux aveugles, l'ouïe aux sourds, la parole aux muets et le marcher aux boiteux. Ainsi, les misérables hérétiques pleins de rage et d'envie, malgré leur poison dont ils prétendaient infecter toute l'Allemagne, sont contraints de voir en cette même contrée la religion qu'ils voulaient étouffer, s'étendre glorieusement et triompher de leur malice. »

Ce fut le 1er juin 1235 que Grégoire IX inscrivit Elisabeth au catalogue des saints, c'est-à-dire tels furent la qualité et le nombre des miracles dus à son intercession, qu'en quatre années se conclut le procès de sa canonisation, sorte de décrets qui d'ordinaire exigent, avant d'être rendus, des quarts, des demi-siècles au moins.

L'Allemagne reçut avec enthousiasme cette décision désirée. Partout où la sainte avait passé, éclatèrent principalement les sentiments de joie et d'espérance. A Marbourg, l'archevêque de Mayence convoqua un nombre très considérable d'évêques, afin de procéder avec lui à la levée des restes d'Elisabeth et célébrer solennellement sa fête. Au jour fixé pour la cérémonie, des foules innombrables, venues de tous les points de l'Europe, se pressèrent autour de ce corps saint qui exhalait un *parfum suave*, et dont la mort n'avait point détruit la céleste et calme pureté.

Frédéric II, l'empereur d'Allemagne, était là, déposant une riche couronne d'or sur le front de celle qui avait dédaigné sa main pour se donner à Dieu, l'impératrice également; l'un et l'autre conduisaient les enfants de l'illustre veuve. Exposée visible sur un lit splendide, ses deux beaux-frères, Henri et Conrad, s'y trouvaient aussi, heureux de pouvoir expier leur conduite passée. Jusqu'aux plus pauvres déposèrent leur offrande aux pieds de leur *chère sainte*, comme souvenir d'amour ou de reconnaissance. Tous, prêtres et laïques, demandaient qu'au plus tôt, à celle qui opérait tant de miracles, on se hâtât d'élever un temple digne d'elle.

Et ce temple incomparable par son site, sa beauté, son ornementation, s'éleva bientôt à Marbourg, sous la garde spéciale des chevaliers de l'Ordre teutonique, pendant que de tous côtés, sous son vocable, s'élevaient d'autres splendides églises.

A Marbourg, une châsse, chef-d'œuvre de l'art, contint pendant trois siècles les reliques d'Elisabeth, moins son cœur, qui, pour des motifs restés ignorés, fut demandé et obtenu par l'évêque de Cambrai, et déposé sous un autel de sa cathédrale.

Pourquoi faut-il ajouter que si le nom d'Elisabeth ne devait jamais périr, si cent endroits où elle avait séjourné, prié, opéré quelques merveilles, portant encore sa douce dénomination malgré les efforts de l'hérésie pour détruire ces souvenirs de la *superstition populaire*, il n'en a point été de même pour sa belle église demi-ruinée aujourd'hui et transformée en temple protestant, pour sa châsse, dont l'or et les richesses ont été volées d'abord par un de ses descendants, ce trop fameux appui de Luther, autorisé par lui à épouser deux femmes à la fois, *Philippe-le Gé-néreux*, landgrave de Hesse !

Quant à ses reliques, l'hérésie croyant en anéantir le culte, si elle parvenait à les faire disparaître du lieu où la piété des fidèles les avait placées, avec une haine satanique, toutes arrachées de Marbourg, de sorte que ces précieux fragments, comme exilés de leur patrie, se trouvent maintenant à Breslau, à Bruxelles, à Erfurt, à Bramwels, à Tongres. La tête sacrée reçoit depuis 1830 les témoignages répétés de la vénération des fidèles au milieu de nous, à Besançon.

Telle vécut, telle mourut au XIIIe siècle, ainsi est encore de nos jours honorée, invoquée celle qui fut et sera jusqu'à la fin des temps le modèle accompli de la vierge, de l'épouse, de la mère, de la veuve et de la religieuse selon le cœur de Dieu. Par conséquent, comment pourrions-nous mieux terminer notre humble travail, quelle conclusion plus rigoureuse et plus acceptable imposerions-nous à nos lecteurs, que ces paroles du vicaire de Jésus-Christ, s'adressant dans la personne d'une reine à toutes les femmes chrétiennes sans exception?

« Très chère fille, écrivait Grégoire IX à Béatrice de Castille, nous avons voulu mettre devant vous l'exemple de sainte Élisabeth, comme la perle la plus précieuse, pour deux raisons : d'abord, afin que vous vous regardiez souvent dans ce miroir, pour voir s'il ne se cache rien dans les plis de la conscience qui puisse offenser les yeux de la majesté divine ; ensuite, afin qu'il ne vous manque rien de ce qui est exigé pour une épouse céleste, et que lorsque vous serez invitée à paraître devant le Roi éternel, il vous voie revêtue de bonnes œuvres et ornée de toutes les vertus. »

APPENDICE.

NOTES JUSTIFICATIVES.

Nous reproduisons ici textuellement, en empruntant à M. de Montalembert, certains faits essentiels que nous n'avons pu qu'indiquer dans les pages précédentes.

UN DISCIPLE DE SAINT FRANÇOIS D'ASSISE.

Madame Gertrude de Leinbach, femme d'un noble chevalier des environs, étant venue un jour rendre visite à la duchesse, avait amené avec elle son fils, nommé Berthold, jeune homme de douze à quatorze ans, qui était magnifiquement vêtu, et qui paraissait se complaire beaucoup dans la recherche et l'élégance de ses habits. Elisabeth, après s'être entretenue longtemps avec sa mère, se retourna vers lui et lui dit : « Mon cher enfant, tu me parais t'habiller
» beaucoup trop mondainement et trop délicieuse-
» ment, tu tiens trop à servir le monde. Pourquoi
» ne songes-tu pas plutôt à servir ton créateur? Tu

» ne t'en trouveras que mieux d'âme et de corps.
» Dis-moi, cher enfant, crois-tu que ton Seigneur et
» le mien portât des habits de cette sorte quand il
» vint en toute humilité verser son sang pour nous? »
Le jeune homme lui répondit : « O Madame! je
» vous supplie de prier le Seigneur pour qu'il m'ac-
» corde la grâce de le servir. » « Veux-tu vrai-
» ment, » lui dit-elle, « que je prie pour toi? »
« Oui, certainement. » « Alors, il faut que tu te dis-
» poses à recevoir cette grâce que tu désires, et je
» prierai bien volontiers pour toi; allons ensemble
» à l'église, et demandons-la tous deux. » Il la suivit
aussitôt à l'église et se prosterna devant l'autel, ainsi
que sa mère, à quelque distance du lieu où Elisabeth
se mit à prier elle-même. Après que leur prière eut
duré un certain temps, le jeune homme s'écria à
haute voix : «O chère dame! cessez de prier. » Mais
Elisabeth n'en continuait pas moins à prier avec ferveur. Alors Berthold se mit à crier plus fort : « Ces-
» sez, Madame, de prier; car je n'en puis plus, tout
» mon corps est enflammé. » En effet, une immense
chaleur le pénétrait; la fumée semblait s'exhaler de
son corps ; sa mère et deux des suivantes de la duchesse étant accourues à ses cris, trouvèrent ses vêtements tout baignés de sueur, et sa peau si brû-
lante, qu'elles pouvaient à peine la toucher. Cependant, Elisabeth priait toujours jusqu'à ce que le jeune
homme désespéré lui dit : « Au nom du Seigneur,
» je vous conjure de ne plus prier: car je suis con-
» sumé par le feu intérieur, et mon cœur va se bri-
» ser en moi. » Alors elle cessa sa prière, et Berthold se refroidit graduellement; mais le feu de l'a-
mour divin que cette ardente charité d'Elisabeth
avait fait descendre dans son jeune cœur, ne s'y étei-
gnit plus, et il entra aussitôt après dans l'ordre de
Saint-François.

UN PAUVRE AVEUGLE.

Un jour, s'étant rendue à l'église qu'elle avait fait bâtir pour son hôpital, vers midi, qui était l'heure qu'elle préférait, parce que c'était celle où le soin des repas éloignait tous les fidèles, et où elle pouvait se livrer en toute liberté à sa dévotion, elle y vit un pauvre aveugle tout seul qui marchait à tâtons autour de l'église : ses yeux étaient ouverts comme ceux de tout le monde ; mais ses prunelles étaient flétries et vides. Elle alla aussitôt à lui et lui demanda ce qu'il faisait là tout seul, et pourquoi il errait ainsi dans l'église. Il lui répondit : « Je voulais aller à
» cette chère dame qui console les pauvres gens, pour
» lui demander de me faire quelque aumône au nom
» de Dieu ; mais je suis d'abord venu faire ma prière
» dans cette église, et j'en fais le tour afin de savoir
» comment elle est grande et large, puisque j'ai le
» malheur de ne pas pouvoir la voir de mes yeux. »
« Aimerais-tu la voir, cette église ? » lui dit alors la compatissante Elisabeth. « Si Dieu le voulait, » répondit l'aveugle, « j'aimerais beaucoup la voir,
» mais j'ai perdu la vue en naissant ; je n'ai jamais vu
» la lumière du soleil, je suis devenu le prisonnier
» de Dieu. » Puis il se mit à lui raconter toutes ses misères : « J'aurais bien voulu pouvoir travailler
» comme un autre, » disait-il, « car je ne sers de
» rien à personne, ni à moi-même : les heures les
» plus courtes me paraissent bien longues ; quand je
» suis avec les autres hommes qui ont leurs yeux, je
» ne peux pas me défendre du péché de l'envie : si je
» reste tout seul, je pleure mon malheur ; car je ne

» peux pas prier toujours, et même en priant je
» ne puis m'empêcher d'y songer sans cesse. »
« C'est pour ton bien, » répondit Elisabeth, « que
» Dieu t'a envoyé ce malheur : tu aurais peut-être
» été entraîné à des excès; tu aurais plus péché qu'à
» présent. » « Oh! non, » reprit l'aveugle, « je me
» serais livré pour vivre à de durs travaux; je n'au-
» rais pas eu mes tristes pensées d'aujourd'hui. »
Elisabeth, vaincue par la pitié, lui dit alors : « Prie
» Dieu de te rendre la lumière, et moi je le prierai
» avec toi. » A ces mots l'aveugle comprit tout-à-
coup que c'était la sainte duchesse Elisabeth qui lui
parlait, et tombant la face contre terre devant elle,
il s'écria : « Ah! noble et miséricordieuse dame,
» ayez pitié de moi! » Mais elle lui enjoignit de nouveau de prier Dieu avec une entière confiance, et s'a-
genouillant elle-même à quelque distance, elle se mit
aussi à prier avec ferveur. Aussitôt la vue fut rendue
à l'aveugle, et des yeux d'une beauté céleste vinrent
remplir ses orbites creux et vides. Il se leva, regarda
autour de lui, et s'empressa d'aller vers Elisabeth :
« Madame, » lui dit-il, « Dieu soit loué : sa grâce
» m'a favorisé : je vois tout bien et clair : vos paroles
» sont vérifiées. » Mais la pieuse princesse, qui savait
unir toujours la prudente sollicitude d'une mère
chrétienne à sa charité, lui dit : « Maintenant que la
» vue t'est rendue, songe à servir Dieu et à éviter le
» péché : travaille et sois honnête homme, humble
» et loyal en tout. »

TABLE.

—

FIN DE LA TABLE.

Limoges. — Imp. Eugène ARDANT et Cie.